Couverture Inférieure manquante

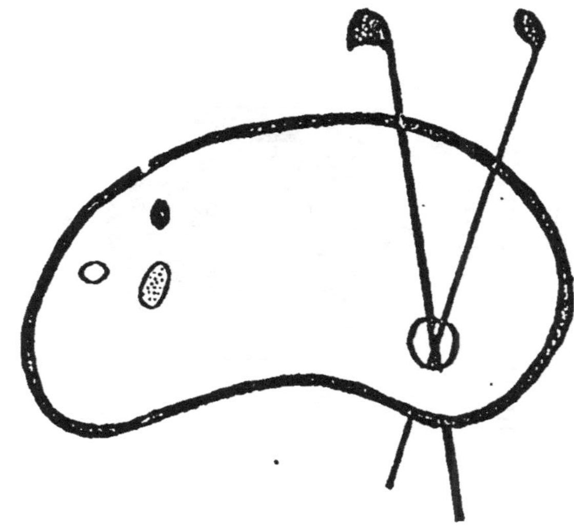

DEBUT D'UNE SERIE DE DOCUMENTS
EN COULEUR

L'ILE DE NOIRMOUTIER

VII

LA CHAPELLE DE SAINT FILIBERT

PAR

A. CHARIER-FILLON

Hanc pater egregius aram Filibertus habebit
Plurima construxit qui loca sancta Deo.
(ALCUIN, Epig. CXXXV).

NIORT
CLOUZOT, LIBRAIRE-ÉDITEUR

MDCCCXCVI

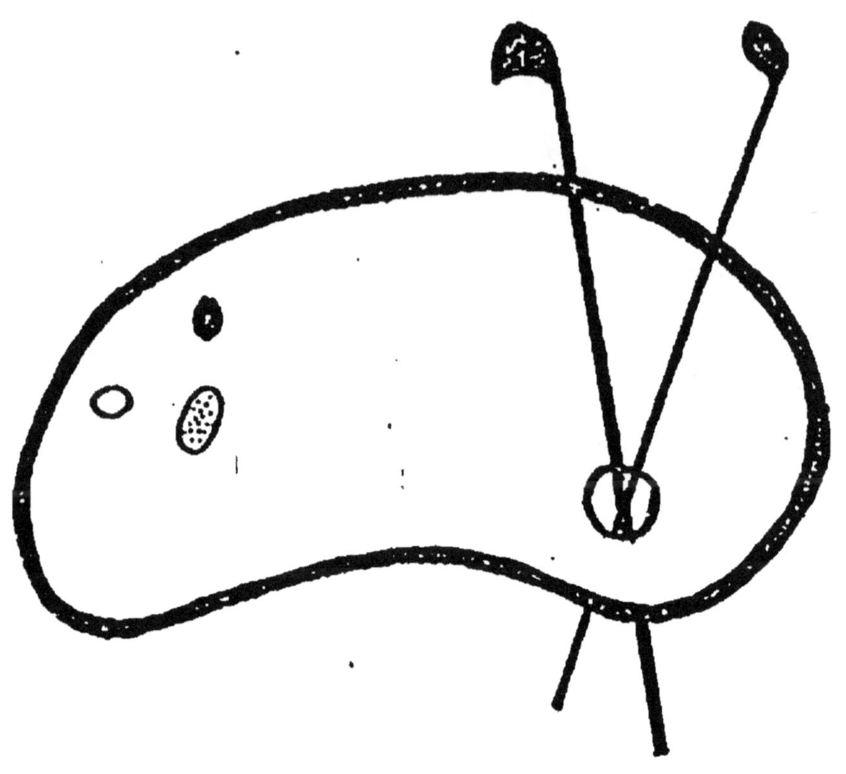

FIN D'UNE SERIE DE DOCUMENTS
EN COULEUR

LA CHAPELLE

DE

SAINT FILIBERT

TIRÉ A CENT EXEMPLAIRES

L'ILE
DE
NOIRMOUTIER
VII

LA CHAPELLE
DE
SAINT FILIBERT

PAR

A. CHARIER-FILLON

> Hanc pater egregius aram Filibertus habebit
> Plurima construxit qui loca sancta Deo.
> (ALCUIN, Epig. CXXXV).

NIORT
CLOUZOT, LIBRAIRE-ÉDITEUR
MDCCCXCVI

L'ILE
DE
NOIRMOUTIER
(VII)

La mémoire de saint Filibert a toujours été tenue en grande vénération par les habitants de Noirmoutier, aussi la chapelle dans laquelle furent inhumés ses restes fut-elle longtemps l'objet de l'affluence et des pèlerinages des fidèles. Au moment où nous avons étudié cette crypte les pèlerins étaient encore nombreux, pourtant l'édifice était presqu'abandonné à la destruction du temps ; à peine consentait-on à ajouter quelquefois une couche de lait de chaux à celles qui depuis nombre d'années recouvraient toutes les surfaces des constructions. Sous l'influence de ce traitement répété depuis des siècles, les reliefs des diverses parties s'atténuaient sous un empâtement croissant. L'humidité, transsudant du sol, désagrégeait le carrelage et pénétrait l'édifice ; la stagnation de l'air, dont aucune autre issue que la porte d'entrée ne favorisait la circulation, produisait une atmosphère méphytique. Bref, la chapelle était devenue un lieu assez malsain d'où les fidèles et les pèlerins, venus sur la réputation de sainteté du lieu, s'éloignaient hâtivement après s'être vus forcés d'y abréger leurs dévotions.

En 1863, M. l'abbé Pinet, alors curé de Noirmoutier, nous demanda d'étudier l'édifice, et nous chargea de le rendre praticable au culte et accessible à la piété des fidèles.

Ce fut avec le zèle que seul un enfant du pays pouvait ressentir, que nous nous mîmes à l'œuvre.

Pendant trois mois nous avons vécu pour ainsi dire dans la chapelle, ne nous laissant distraire par aucun soin qui lui fût étranger, auscultant les murailles, fouillant les recoins les plus obscurs, notant au jour le jour toutes nos impressions, comme les plus menus faits, accumulant en un dossier conservé intact depuis cette époque, les renseignements recueillis dans chaque fouille, les circonstances données par la moindre démolition, tenant compte du plus minime objet recueilli.

Il y a plus de trente ans que nous nous sommes acquitté de notre tâche. Depuis, les luttes de la vie, les exigences de toutes sortes, nous ont éloigné de Noirmoutier. Le temps, en poudrant les dossiers, aurait pu estomper légèrement les souvenirs, nous les retrouvons pourtant aussi nets qu'au premier jour ; d'ailleurs les notes précises conservées intactes ne nous auraient pas permis la moindre erreur.

Tout en gardant très vif le sentiment du grand intérêt qu'offrait ce précieux monument du VIIe siècle, nous aurions sans doute limité notre intervention à la restauration effectuée en 1863, mais il n'a pas dépendu de nous qu'il en fût ainsi ; frappées de l'intérêt que présente ce monument et sachant que nous possédions seul les traces de son passé, de nombreuses personnes nous ont sollicité, pressé de publier, dans l'intérêt même du monument, les notes que nous avions conservées.

Quelle que fût notre défiance de nous-même, il nous était difficile de résister à ces sollicitations, d'autant qu'elles émanaient, pour la plupart, d'hommes de haute compétence qui nous faisaient un devoir, et pour ainsi dire une obligation morale de faire connaître un édifice trop ignoré.

Nous avons donc rouvert nos dossiers d'autrefois.

Il eut été intéressant, en décrivant les constructions et montrant les modifications qu'elles ont subies, de rattacher ces modifications aux événements de l'histoire locale. Une pareille étude équivaudrait à la reconstitution entière du passé de l'Ile depuis le VIIe siècle, date de la fondation de la chapelle, et devrait comprendre l'histoire de l'abbaye noire, même après le départ des moines de Saint-Filibert.

Une si vaste tâche ne peut nous convenir ; nous parlerons uniquement du monument ; nous nous attacherons à le faire de telle sorte que ceux qui voudront plus tard comparer les divers états des édifices locaux, puissent retrouver ici, en ce qui concerne la chapelle de Saint-Filibert, les traces certaines de ces états disparus que rien ne pourrait désormais leur révéler. Ce n'est qu'en opérant ainsi que l'on peut aider à la reconstitution des histoires locales. Trop heureux si nous avons pu préparer aux travailleurs de l'avenir quelques matériaux propres à leur faciliter la tâche.

Notre travail sera donc, à proprement parler, un compte-rendu des diverses opérations pratiquées, une description des divers états constatés, un état de lieux circonstancié rapportant aux diverses époques qu'ils caractérisent les divers éléments du passé qu'il nous a été possible d'analyser.

Dans toutes nos opérations nous avons eu présent à l'esprit, le précepte formulé par notre éminent compatriote Edouard Richer : « *L'authenticité monu-* » *mentale est la véritable authenticité historique ; elle* » *supplée au silence et rectifie les erreurs.* »

Ce précepte dont l'ampleur s'augmente, s'il est possible, de sa concision même, rappelle quelque médaille antique dont les siècles n'ont pu altérer le précieux relief, mais il la domine de toute la hauteur de sa composition magistrale ; si la première, aux yeux de l'érudit, caractérise toute une époque d'Histoire et d'Art, celui-ci, dans son puissant et précis relief, domine l'Histoire et l'Art de tous les temps. Si les travaux d'Edouard Richer devaient disparaître avec la littérature de son temps, il suffirait à leur auteur, pour avoir marqué son passage, d'avoir conçu et buriné, en grand artiste, le précepte dont nous nous inspirons.

C'est sous de tels auspices que nous plaçons notre travail, comme une déclaration du respect dont nous sommes pénétré devant les conceptions architecturales traduisant les diverses périodes de notre histoire. C'est dire combien soigneusement nous avons noté toutes choses et scrupuleusement exposé les faits, appelant ainsi sur notre restitution la critique éclairée des érudits et la bienveillance de ceux qui voudront nous tenir quelque compte de notre absolue sincérité.

Noirmoutier, Mars 1896.

LA CHAPELLE

DE

SAINT-FILIBERT

Le plan que nous présentons (A, fig. 2) donne l'aspect de la chapelle au moment où elle nous a été livrée. L'entrée, au nord, est en R, l'escalier donne accès dans un couloir, O, qui après un retour à angle droit, pénètre dans l'édifice. Un mur, E, à la naissance de la nef de droite, s'élevait jusqu'à la voûte, limitant la crypte de ce côté ; un banc de pierre, P, P, régnait au pied du mur sud. L'autel, adossé au fond de l'abside en N, occupait la dernière travée de la nef principale ; cet autel, formé d'un massif rectangulaire de maçonnerie grossière, était revêtu sur ses faces verticales d'un plancher de sapin élémentaire et tout récent. M est un cénotaphe d'aspect rude et grossier.

L'édifice, à trois nefs, commande dans ses contours les limites de la construction supérieure, lesquelles accusent franchement le parti des absides romanes primitives : deux murs parallèles sur lesquels une saillie à angle droit marque la naissance d'une abside demi-circulaire. Cette disposition qui est restée celle de l'église souterraine, a varié plus tard dans la partie correspondante de l'église supérieure, dont l'abside a été allongée ultérieurement de près de 4m50. Nous reviendrons sur cette particularité de l'édifice. La largeur totale de la crypte est de 6m25, la longueur totale au moment où nous avons commencé notre étude était de 8m46 mesurés dans l'axe, depuis l'extrémité Est jusqu'au plan des tailloirs des chapitaux II, I. Cet espace, divisé en trois nefs de quatre travées, par de courtes colonnes, est dominé par des voûtes d'arêtes sans nervures, ou voûtes romaines. Ce sont des pénétrations à angles droits de berceaux cylindriques. Les supports sont placés à des distances qui varient de quelques centimètres, ce qui explique le peu de régularité des projections des arêtes que montre le plan.

Les colonnes, courtes et cylindriques, sont très grossièrement taillées ; un tailloir assez élevé surmontant un simple chanfrein, puis un plan à peu près vertical réuni par un second chanfrein plus allongé à un tore barbare formant astragale, voilà le chapiteau. Une plinthe carrée, réunie par un chanfrein à un tore grossier, voilà la base (1).

La hauteur sous clef de ce système de construction n'excède pas 2m15 mesurés du dallage à l'intrados des voûtes, cette faible élévation ajoute encore à l'aspect rude et grossier de l'édifice. Nous donnons (A, fig. 1), la coupe transversale de l'édifice.

La voûte R (B, fig. 2), en berceau rampant au-dessus de l'escalier, était construite en pierre de tuffeau (2), comme celle du couloir à angle droit O. Cette construction, par ses dispositions autant que par la nature de ses matériaux, nous sembla dès l'abord de date relativement récente et ne pas être antérieure au XVIIe siècle.

Les murs C, E (A, fig. 2), limitaient un espace au milieu duquel une excavation avait été pratiquée en

(1) Dans une arcature des cryptes de Saint-Denis, on peut voir un chapiteau représentant un autel. Les chapiteaux des colonnettes supportant cet autel, comme ceux des baldaquins qui le surmontent, ont beaucoup d'analogie avec le chapiteau de Noirmoutier.

(2) Cette pierre provient des coteaux de la Loire ; elle a été employée à profusion dans toutes les constructions élevées sur les bords de ce fleuve ; son grain fin et son peu de dureté la rendaient très propre à recevoir la sculpture. Aussi les artistes de la Renaissance qui ont construit les châteaux avoisinant la Loire, ont-ils profité des qualités de cette pierre pour couvrir leurs constructions de sculptures.

Malheureusement, le peu de dureté de cette matière devait abréger sa durée, elle perd vite ses arêtes et s'effrite promptement à l'air en prenant une teinte d'un gris livide. L'usage de ces matériaux, encore répandu il y a un demi-siècle, est presque abandonné aujourd'hui.

1843 pour recevoir un reliquaire. Une étroite baie, pratiquée en V, mettait en communication par la vue de ce reliquaire, l'église avec la crypte. Cette excavation, recouverte par une voûte en briques très légère et toute récente (B, fig. 2), laissait voir, au fond, à l'aplomb du cénotaphe, la voûte dans l'axe de la crypte, interrompue par un plan vertical. L'arête d'intrados de cette voûte était formée d'une maçonnerie de moellons dégrossis, de queues sensiblement égales (A, Pl. B, fig. 1).

L'ensemble de ces dispositions nous fit penser immédiatement que la crypte avait été considérablement modifiée dans son plan primitif. Un examen successif de chacune des parties de l'édifice ne fit que nous affermir dans cette opinion.

Procédant avec la plus extrême prudence, nous interrogeâmes d'abord les points secondaires qui, n'étant liés qu'accessoirement à la construction, pouvaient donner des indices permettant de se faire graduellement et méthodiquement une opinion.

Le banc de pierre P, P (A, fig. 2) nous paraissait étranger aux dispositions primitives, mais nous voulions ne le supprimer qu'après examen et rechercher si, comme nous le pensions, il avait été rapporté après coup. Sa construction barbare, qui n'était pas sans analogie avec le reste de l'édifice, nous faisait hésiter; aussi la démolition n'en fut exécutée qu'avec la plus grande attention et par petites parties. Dès les premiers coups de pioche, une colonne engagée que ce banc cachait jusqu'à moitié de sa hauteur, nous montra, sous les maçonneries enlevées, une base et un fût intacts et recouverts des mêmes enduits et badigeons que les parties dès longtemps apparentes. Il devint dès lors évident que le banc devait disparaître ; il fut démoli. Parmi les matériaux qui le composaient se trouvait un fragment, soit de bénitier, soit de cuve baptismale en marbre gris, à texture orbiculaire peu compacte. Cette cuve avait dû être à plan octogonal. L'extérieur, d'un beau poli, était retourné verticalement à angles droits et présentait des surfaces planes ornées de petites nervures rectangulaires (O). Du reste aucun autre fragment ancien, tous matériaux bruts posés de façon élémentaire. Travail hâtif et grossier dont la disparition ne pouvait supprimer aucune trace intéressante.

Nos recherches se dirigèrent ensuite vers l'autel. Ainsi que nous le disions plus haut, cet autel se composait d'un massif rectangulaire de maçonnerie brute placé en avant des piliers du fond. Au-dessus de l'autel et affleurant les deux piliers, une cloison en briques très récente ; en saillie sur le plan vertical de cette cloison, mais sans relation avec elle, deux niches en pierre de tuffeau (C, fig. 3, F, fig. 1). Enfin, entre le mur de fond et l'autel, un espace de 0m20 à 0m30 de largeur comblé de terre, d'ossements de toutes sortes où les débris d'animaux se mêlaient aux ossements humains (C, fig. 3). Parmi tous ces objets, des fragments de terre cuite paraissant avoir appartenu à une statuette de 0m20 de hauteur, des fragments, également en terre cuite, d'un ange à genoux tenant un ostensoir, hauteur 0m08. Le caractère de ces objets, leur mode de fabrication, les plaçaient nettement pour nous à la fin du XVIIe siècle ou dans la première moitié du XVIIIe. Ces objets, soigneusement mis à part, ne furent malheureusement pas conservés.

Le prisme en maçonnerie constituant l'autel fut démoli avec précaution. Là encore on retrouva le blocage grossier et brutal qui caractérisait le banc supprimé. Des pierres dégrossies soutenaient pourtant les angles de ce prisme, mais c'étaient des matériaux de toutes provenances utilisés sans soin et sans aucun souci de leur destination. La crypte, en ces parties, avait été réellement traitée comme un lieu sans importance ; nous verrons plus loin que d'autres points n'avaient pas été plus respectés. Mélangées dans le blocage de l'autel se trouvaient deux pierres moulurées ayant appartenu sans doute à une rosace. Le caractère de leur profil (H, fig. 2) semble les placer vers le XIIe siècle.

L'enlèvement de l'autel découvrit le mur de fond et le montra percé de deux ouvertures superposées.

L'ouverture inférieure, voûtée en plein cintre (D, fig. 1, 2), était évidemment une ancienne baie d'éclairage ; la baie supérieure, beaucoup moins évasée, se terminait par une voussure prolongeant la voûte de la crypte.

Etant donnée la forme de la baie inférieure, il nous parut impossible qu'elle fût la seule existante ; elle avait sans doute fait partie d'un ensemble d'ouvertures éclairant autrefois l'édifice souterrain. Sous cette impression nous fîmes sonder les murs dans chacune des travées latérales. Cette opération nous fit découvrir successivement quatre autres baies semblables à la première. Ainsi se trouvait complété le système d'éclairage primitif. Nous donnons en D la disposition de ces baies en plan et en coupe.

Afin de recueillir tous les éléments que pouvait nous livrer l'étude de l'édifice, nous fîmes pratiquer une fouille sous l'emplacement de l'autel démoli. Le sol primitif fut rencontré à $1^{m}10$ au-dessous du dallage, mais cette profondeur ne fut atteinte qu'en découvrant les parois verticales d'une excavation ancienne, qui nous fit songer à une sépulture disparue. Du reste, aucun vestige d'aucune sorte, si ce n'est quelques fragments, très réduits, de tuiles à rebords.

Nous devons noter ici une particularité des ouvertures que l'on venait de découvrir. Les parements en évas et les angles étaient construits en pierre calcaire analogue à celle de Sallertaine ; ces pierres, épaufrées, écornées, dégradées, montraient, intacte, la forme générale de chaque baie, mais les joints étaient profondément altérés et plusieurs couches d'enduits avaient recouvert l'ensemble. En soulevant avec mille précautions ces enduits superficiels, nous avons pu retrouver de rares joints restés intacts. Ceux-ci, larges irrégulièrement de deux à trois centimètres, faisaient saillie sur le nu de la pierre de près de 15 millimètres.

L'enlèvement de ces joints sur plusieurs points nous a montré qu'ils étaient exécutés avec des mortiers très différents de ceux des maçonneries qu'ils revêtaient. Le mortier des maçonneries, pulvérulent et comme décomposé, était constitué par des sables assez gros et de couleur rousse, tandis que le mortier des joints, blanc, solide, était formé de sable relativement fin, d'un jaune clair.

Cette différence dans les mortiers indique suffisamment que les joints sont bien postérieurs aux maçonneries. Le P. Camille de la Croix, qui a bien voulu nous donner son avis sur ce point, fait remonter ces joints du XIIe au XIe siècle.

L'état général des surfaces de ces baies et la minime quantité de joints saillants qui restaient apparents ne permettaient pas de reconstituer les parements d'après ce système, qui, nous le répétons, se montrait pour ainsi dire à l'état d'indice; indice que nous ne devions pas négliger dans nos notes, peut-être pouvait-il servir à déterminer quelques autres points mal connus.

Afin de permettre l'examen en tout temps, nous avons, au milieu des enduits dont nous avons fait recouvrir les parois de ces baies, fait ménager comme témoin, dans la première baie à gauche, une surface limitée montrant les joints les mieux conservés.

Les opérations successives que nous avons décrites nous mettaient en possession des dispositions premières d'une partie considérable de l'édifice : la disparition du banc de pierre nous avait rendu les bases et les fûts des colonnes engagées qu'il masquait. L'enlèvement de l'autel nous avait montré les baies du fond et fait soupçonner les dispositions complémentaires d'éclairage. Le sondage des murs avait confirmé nos prévisions en nous révélant quatre autres baies symétriques. Nous possédions donc intégralement, à ce point de vue, les dispositions premières de l'édifice ; nous reviendrons plus loin sur les conséquences qui nous paraissent en découler, tant au point de vue de la situation de l'autel qu'à celui de l'emplacement occupé par les baies latérales. Il y a là une série d'observations qui prêtent à discussion, nous les présenterons aux hommes compétents dont nous solliciterons les avis éclairés ; trop heureux serons nous de recevoir leur critique, certain d'avance que la connaissance de l'édifice dont nous nous occupons ne pourra qu'y gagner.

Jusqu'ici, tout en nous occupant de déblayer les points que nous considérions comme accessoires, nous avions reconstitué d'une façon inespérée certaines parties essentielles de la crypte ; espérant recueillir des données propres à former notre jugement, nous avions tenu à commencer ainsi, réservant pour la suite ce qui nous paraissait offrir des inconnues autrement considérables : nous voulons parler de l'état de la crypte dans sa partie située en arrière du cénotaphe. Cette partie nous semblait assez complexe dans ses dispositions et nous avions besoin des résultats obtenus par ailleurs pour affermir notre résolution et nous encourager dans nos recherches.

Nous donnons (B, fig. 1) la coupe longitudinale sur l'axe de la crypte, montrant l'église dans la partie qui lui est superposée. On voit, en A, que le système de voûtes se termine par un plan vertical aussitôt après le cénotaphe. L'aspect et le mode de construction des murs C, E (A, fig. 2) nous donna immédiatement à penser que les dispositions initiales de la crypte avaient été altérées; que ces murs, ajoutés après coup, devaient intercepter une communication ayant existé autrefois entre les deux côtés de l'édifice. La voûte de tuffeau formant l'entrée au Nord, et dont les sommiers reposaient sur les murs L, C, était évidemment postérieure, et par le caractère de sa construction et par la nature de ses matériaux, aux voûtes d'arêtes des trois nefs. Si cette entrée avait existé de tout temps, au moins avait-elle été remaniée, et dans ses dispositions et dans ses proportions. Nous avions à hésiter entre deux hypothèses : 1° La crypte avait eu autrefois une seule entrée, et le caractère relativement moderne de celle existante permettait de supposer que cette entrée unique avait pu se trouver dans l'axe; 2° Deux entrées avaient existé et alors elles auraient été placées symétriquement de chaque côté de la crypte. En admettant un instant que l'entrée existante avait conservé sa position primitive, la seconde entrée avait dû se trouver précisément en face, au côté Sud de l'édifice.

Dans les deux cas, les trois murs C, D, E, altéraient la disposition première du bâtiment. En effet, avec une entrée dans l'axe, le cénotaphe interdisant l'accès par la nef centrale, force était de tourner soit à droite soit à gauche, pour pénétrer dans les nefs latérales. Les trois murs étaient, alors, également impossibles.

Dans l'hypothèse de deux entrées, si celle existante était praticable à la rigueur, celle du Sud cessait de l'être puisque le mur E interceptait l'accès par la nef adjacente. Dans tous les cas nous avions la conviction que toute la partie de la crypte interdite par ce mur avait autrefois été pratiquée. Voici sur quoi nous basions cette conviction.

Tout l'édifice, comme nous l'avons dit, est constitué par des voûtes d'arêtes en plein cintre reposant sur de courtes colonnes. Ces colonnes, comme dans tous les édifices de ce genre, sont de deux sortes, celles des bas-côtés qui sont engagées dans les murs, celles de la nef centrale qui sont isolées. Les chapiteaux des premières étant destinés à n'être apparents que dans la partie qui forme saillie, n'ont que cette partie qui soit taillée ; tout ce qui est engagé dans la maçonnerie est brut, les colonnes isolées, au contraire, ont leurs bases et leurs chapiteaux taillés sur les quatre faces. Il était facile de découvrir par une légère démolition les faces cachées des chapitaux II, I. Or ces faces étaient taillées ; les chapiteaux avaient donc été isolés, lors de la construction ; de même pour le chapiteau engagé F, situé dans un angle rentrant. La face *a* toute entière était taillée, et la face *b* taillée en retour sur la partie de parement en saillie sur le mur ; ces parements *a b* avaient donc été en évidence. Tout le système de murs C, D, E, était donc étranger à la conception première de l'édifice. Un autre fait s'ajoutait à tous ceux déjà énumérés pour nous l'affirmer : le plan vertical terminant le système de voûtes était formé d'enduits recouvrant des moellons irréguliers, puis, à l'arête d'intrados de chacun des trois berceaux terminant les voûtes, un appareil d'angle composé de menus moellons à peine ébauchés, *sans liaisons* avec les berceaux qu'elles terminaient montrant des queues presque égales : un placage. Impossible d'imaginer une relation de construction première entre cette arête et les voûtes. Il était d'ailleurs facile de voir que, au-dessus de cette arête rapportée, le plan vertical présentait des arrachements dissimulés sous d'épais renformis, — il y avait là les traces indiscutables de démolitions se continuant d'un côté à l'autre de la crypte, sur les trois berceaux qui la terminaient. — Il y avait donc eu suppression d'une partie en prolongement.

Enfin un autre motif, qui nous paraissait d'une évidence absolue, c'est que le maître-autel, dont la position actuelle est la position normale, celle qu'il a dû occuper dès les origines de l'église, le maître-autel est superposé exactement à la sépulture du saint auquel est consacré la chapelle souterraine. Or, imagine-t-on l'exercice du culte à cet autel avec l'interruption du plan supérieur, au pied même de cet autel ? (B, I, fig. 1, A).

Nous savons qu'aux premiers siècles de l'Eglise l'officiant avait toujours le visage tourné du côté des assistants. En ce cas il n'était pas besoin d'espace en avant de l'autel, le mouvement du personnel se pratiquant exclusivement en arrière. Mais ces rites de l'Eglise primitive, qui cessèrent dès le IVe ou le Ve siècle (1), n'ont rien à voir avec un autel dont la position date de la fin du XIe siècle, époque à laquelle on peut attribuer la construction de l'église qui surmonte la chapelle souterraine. D'ailleurs nous devons mentionner ici un état de choses dont les personnes âgées de la localité ont conservé le souvenir et que nous-même avons parfaitement connu. La disposition actuelle du sanctuaire en avant de l'autel (2) avec ses terrasses de marbre, ses degrés et ses vases Médicis date de 1842 ; (E) avant cette époque on accédait à la plate-forme qui précédait le maître-autel par un gradin demi-circulaire d'un grand caractère. Nous avons gravi cent fois ses

(1) L'abbé Martigny, *Dictionnaire des Antiquités Chrétiennes.* Paris, Hachette, 1865. in-8° de 696 pp. (Art. autel).

(2) L'abbé Michaud, *Vie de Saint Filibert*, Nantes, Gailmard, 1846, in-18 de XVI-196 pp. (P. 179).

marches et les revoyons dans nos souvenirs avec une netteté qui nous permet de les reconstituer exactement. Nous donnons (F, fig. 2) le plan, et (B, fig. 1, N,) la coupe de ces gradins.

La disposition de ces marches, les matériaux qui les constituaient, matériaux analogues à ceux qui se retrouvent dans les piles de la croisée des transepts et sur plusieurs points de la crypte même, tout se réunissait pour leur assigner une antiquité assez reculée. Nous n'hésitons pas à les faire remonter du XIIe au XIe siècle. On voit, par la restitution indiquée plus haut combien ce gradin éloignait, dès ces temps anciens, la crypte de l'église elle-même et combien était impossible l'usage du massif J (A, fig. 2) à une ostension de reliques dans cette direction.

C'est de 1842 à 1843 que M. l'abbé Michaud, alors curé de Noirmoutier, fit modifier l'état des lieux. Nous extrayons de sa *Vie de Saint Filibert* (1) (pages 153-186) le passage suivant, note presque incidente, qui suffit pourtant à nous éclairer sur cette modification :

« *C'est dans une avant-crypte, creusée dans un*
» *emplacement qu'occupaient il y a quelques années*
» *des marches grossières*, que s'élève ce petit monument
» (l'édicule en pierre). Un grillage doré et délicatement
» sculpté le laisse apercevoir vers l'église, ainsi que la
» chapelle de Saint-Filibert. »

(1) Op. cit.

Et ailleurs, « cette avant-crypte, tout le soubassement » en marbre, les degrés, le grillage, sont du dessin de » M. Lévêque, architecte à Fontenay.... »

Nous étions donc, sur ce point, reporté seulement à vingt ans en arrière du moment où nous opérions. Avant cette époque le terre-plein s'élevait jusqu'au sanctuaire puisqu'il fallut y *creuser*, pour obtenir l'*avant-crypte*. Les dispositions de toute cette partie de la crypte n'apportaient donc à l'étude de l'ensemble aucun contingent pouvant concourir à une solution.

Quoiqu'il en soit tout se réunissait pour nous indiquer que le système de construction de cette interruption des voûtes était étranger aux conceptions qui avaient présidé à l'ordonnance première de l'édifice.

Pourtant, avant d'y mettre la pioche, nous voulûmes épuiser toutes les démonstrations que pouvait nous fournir l'état des lieux.

Continuant nos recherches préparatoires, et sans toucher aucun point des constructions, nous fîmes enlever la plate-forme et fouiller l'emplacement qu'elle occupait. Sous l'épais carrelage moderne nous trouvâmes immédiatement des masses de terre meubles presque sans mélange de pierres. Ces remblais occupaient presque toute la masse. Ce n'est qu'en approchant du fond, à $0^{m}80$ environ de profondeur, que l'on découvrit une base et un chapiteau paraissant appartenir à l'époque mérovingienne ; des débris de fût les accompagnaient. Nous donnons (O) un croquis de l'ensemble supportant aujourd'hui, du côté Nord, l'un des troncs placés dans la crypte. Nous ferons remarquer que la plinthe de la base montre qu'elle a été engagée sur l'angle ; à droite et à gauche de la colonnette nous avons représenté deux faces adjacentes de même chapiteau.

A côté de ces objets on trouva des traces d'anciennes maçonneries ; blocage informe qui nous arrêta un instant, mais presque aussitôt on rencontra, en prolongement du plan des dallages de la crypte, des carreaux de terre cuite, en place, avec leurs joints en mortier. L'enlèvement du blocage découvrit la continuation de ces traces de dallage, *sur lequel il était appuyé ;* en certains points, de nombreux fragments de tuiles à rebord, reposaient sur ces débris de carrelage, marquant l'antiquité des origines de l'édifice. A noter un fragment de base identique aux bases *en place* des colonnes de la crypte.

Nous avions désormais un terrain précis de discussion : par l'existence de ces vestiges de dallage, situés dans le même plan que celui de la crypte, nous avions la confirmation que les murs qui entouraient le massif fouillé avaient été rapportés, à une époque reculée sans doute, mais n'appartenant certainement pas au plan primitif. Un examen de ces murs ne fit que nous affermir dans cette opinion. Le mur D (A, fig. 2,) était lié avec du mortier d'argile ; aucun parement ne montrait qu'il eût été construit en vue d'un usage durable. Le mur C était semblable et le parement faisant face à l'escalier d'entrée était renformisé à des épaisseurs énormes par des mortiers recouverts de badigeon au lait de chaux ; de même les murs L, E. Partout les traces d'un provisoire étranger aux dispositions premières, de mesures hâtives qui font songer à des époques troublées où le temps et la sécurité manquaient pour permettre soit des réparations régulières, soit des conceptions différentes des premières et en rapport avec des exigences nouvelles. Enfin, la colonnette (O) qui par son chapiteau et sa base nous semble antérieure au VIIIe siècle, le fragment de base analogue à celles en place sous les colonnes de la crypte, nous apportaient la démonstration sans réplique que le remblai fouillé était postérieur au plan primitif.

Les preuves s'accumulaient pour nous engager à persister dans notre idée première : à savoir que les voûtes avaient été interrompues et qu'elles avaient dû avoir au moins une travée de plus ; le retour des tailloirs des chapiteaux, le placage d'angle en berceau au plan vertical d'interruption des voûtes, les arrachements apparents dans ce plan au-dessus de l'arête rapportée, le dallage sous le massif, la nature des murs entourant celui-ci, tout se réunissait pour nous affermir dans cette pensée. Notre résolution fut prise.

Ici fut arrêté notre projet de restauration. Il fut décidé que les murs C, D, E (A, fig. 2) seraient enlevés complètement et qu'une nouvelle travée rendrait aux chapiteaux II, I, F leur première fonction. Les murs et les voûtes étaient recouverts d'un enduit pulvérulent auquel se superposaient d'innombrables couches de badigeon au lait de chaux, couches écaillées, éraillées, transsudant l'humidité, empâtant colonnes et chapiteaux, masquant leurs véritables reliefs.

Le carrelage, en terre cuite, irrégulier, bossué, fragmenté, couvert de mousse verdâtre, ne pouvait être conservé. Notre projet comprit donc le piquage des murs et des voûtes, la réfection des enduits, l'enlèvement des badigeons, la réfection du carrelage, enfin l'érection d'un nouvel autel.

Nous avons tenu à développer les raisons qui nous ont dirigé dans nos résolutions, afin que l'on ne pût nous accuser de n'avoir pas raisonné nos opérations. Du reste nous étions profondément pénétré de l'idée que l'on ne peut agir avec trop de circonspection quand il s'agit de la restauration d'un édifice aussi vénérable par son antiquité que celui qui nous occupe, et nous savions avec quelle attention de tous les instants on doit suivre les opérations quand on interroge un édifice dont les remaniements inexpliqués n'ont laissé de traces dans aucune tradition. En présence d'une conviction semblable, nous devions borner la restauration à l'indispensable et rester dans les limites de la simplicité que nous imposait le style de l'édifice que nous avions sous les yeux. Nous croyons n'avoir fait que le nécessaire.

La partie Sud (A, fig. 2, Z) et la voûte en briques du milieu furent d'abord démolies. L'enlèvement de cette voûte toute récente ne présenta rien de particulier. Par surcroît de précaution on étaya sous le maître-autel, qui, placé sur la dernière voûte laissée libre, la chargeait d'un poids considérable. La voûte Sud et celle du milieu furent ainsi construites sans accidents. On procéda ensuite à la démolition de la voûte Nord au-dessus de la porte d'entrée ; cette voûte, en pierre de tuffeau, était du système dit « en arc de cloître ; » reposant d'une part sur les murs L, C, elle s'appuyait par ailleurs sur un arrachement pris aux dépens du piédroit du clocher. Tout indiquait que sa construction procédait du xviie siècle. (B, fig. 2, O) la troisième voûte fut établie, complétant la nouvelle travée. Nous étions désormais à l'aise pour explorer l'espace que recouvrait cette travée.

Nous donnons en J, fig. 1, une élévation du mur C, figuré, en plan, en A, fig. 2 et en B, fig. 2, N sur lequel s'appuyait le sommier de la voûte surmontant la porte d'entrée.

Ce mur était antérieur à la voûte, comme l'a prouvé l'état du sommet, disposé horizontalement, enduit et montrant encore le badigeon au lait de chaux qui recouvrait toutes les parties de l'édifice. Le parement vertical regardant la porte, débarrassé de ses enduits adventifs, montra le même badigeon que toutes les parties apparentes de la crypte ; ce mur se prolongeait fort avant sous les terres, montrant les même dispositions. Le mur L (A, fig. 2) en pierre de tuffeau comme la voûte, paraissait avoir été transformé à plusieurs reprises. Il semblait appartenir au même système de construction que la voûte de l'entrée, qu'il supportait. Toutes les pierres étaient friables et salpêtreuses. Ce qui s'explique facilement, étant donné l'humidité de la crypte et le contact des remblais qu'il supportait du côté de l'Ouest. Nous dûmes enlever et reconstruire ce mur dont la démolition ne fournit aucune trace d'intérêt.

En prenant les fondations de la nouvelle maçonnerie de ce mur, notre attention fut attirée par une pierre de grandes dimensions dont le son caverneux paraissait indiquer une sépulture. Au moyen de nombreux étaiements nous fîmes découvrir toute la surface d'une pierre tumulaire dont la partie apparente, au contraire de celles que nous avions trouvées jusque-là sur d'autres points de l'église, était ainsi ornementée (J, fig. 2) (1).

(1) Espérant toujours trouver quelque indice précieux en objets caractérisant une époque, tenté encore par la décoration particulière de la pierre tumulaire, nous fîmes ouvrir le tombeau.

Le squelette, de très grande taille, nous présenta cette particularité que le fémur gauche était de deux centimètres plus court que le droit, sans aucune trace de fracture, tandis que le tibia et le péroné droits, plus courts de trois centimètres que ceux de la jambe gauche montraient, à 0m08 environ au-dessus de l'articulation du pied, une soudure très apparente. L'individu était âgé. Le crâne, d'une épaisseur

Le déblaiement des terres et décombres qui couvraient ces tombes nous donna une demi-base en marbre blanc, dont nous avons réussi à restaurer les moulures malgré le mauvais état dans lequel elles se trouvaient ; nous la donnons en C (fig. 1), elle paraissait avoir supporté un fût de 0^{m}30 de diamètre à sa partie inférieure. Près de cette base une sorte de borne en granit fort dur, dont nous n'avons pu deviner l'usage. Nous la donnons en C (fig. 2). La hauteur de la partie taillée était de 0^{m}25, elle représentait un prisme à base d'octogone régulier dont le diamètre du cercle inscrit était de 0^{m}26, peut-être avait-elle servi de support à un bénitier.

L'exploration de la partie Nord de la travée complémentaire n'ayant plus rien à nous dire, nous dirigeâmes les travaux vers la partie Sud.

Les fig. 1 et 2, planche G, en plan et coupe, montrent ce que découvrit l'enlèvement des derniers remblais. C, est un pilastre mouluré, supporté par un massif de maçonnerie qui se loge en partie dans un angle rentrant

extraordinaire (de 12 à 13 millimètres), était en mauvais état ; du reste, aucun objet, de quelque nature que ce fût.

Nous avons parlé de cette exhumation pour le cas où quelque document inattendu ferait connaître l'existence, dans la contrée, d'un personnage de quelque importance atteint de claudication. Nous disons de quelque importance, sans avoir d'autre indice que l'ornementation de la pierre sépulcrale comparée à l'état rudimentaire de toutes celles que nous avions découvertes jusque-là. Une autre exhumation, près de la première, ne produisit rien.

du piédroit du clocher et descend jusqu'au sol de la crypte. La démolition de cette maçonnerie démasqua les vestiges informes, mais très caractérisés, d'un escalier disparu E.

Ainsi se trouvait réalisée notre seconde hypothèse : celle d'une deuxième entrée symétrique à la première. Nous n'avions plus qu'à la restituer, mais nous devons d'abord examiner les traces d'ouvrages divers qui se réunissaient sur ce point : nous donnons (II, fig. 1), la partie inférieure du pilastre, indiquée en C (G, fig. 1), à côté de ce pilastre et faisant saillie sur les débris de l'escalier ruiné, on voit, en A (G, fig. 2), une pile appartenant au rétable du transept Sud. Cette pile supportait une colonne en marbre noir appartenant au rétable de droite de l'église et faisait saillie de toute son épaisseur sur l'espace autrefois occupé par l'escalier dont nous venions de découvrir les traces. Cette pile fut enlevée, une console en granit laissée brute fut insérée dans le massif supérieur et supporta la colonne du rétable. Nous reprenions ainsi possession de tout le terrain affecté dès longtemps à la crypte, et retrouvions intacte la largeur de l'escalier à reconstruire.

L'enlèvement des vieux enduits recouvrant les murs et les voûtes nous donna des résultats divers, le piquage des murs nous montra des maçonneries solides, composée de moellons bien assis et convenablement liés, il n'en fut pas de même des voûtes, ces dernières paraissaient n'être composées que de mortier ; impossible de trouver une maçonnerie régulière. Du milieu de masses de mortier émergeaient çà et là des angles de moëllons de toutes formes et de toutes grosseurs. Ces pierres paraissaient avoir été jetées au hasard, de même que si, après avoir coulé du mortier sur les cintres comme dans un moule, l'ouvrier y avait ensuite jeté les pierres pêle-mêle et sans raison. Si quelque chose devait étonner, c'est que cette voûte eût pu si longtemps garder son équilibre ; à $0^{m}15$ ou $0^{m}20$ au-dessus de l'intrados, le mortier disparaissait pour faire place à une terre sèche, sans consistance : une poussière. Les recherches faites aux points de contact de la retombée des voûtes avec les murs nous montrèrent que ces deux parties de la construction étaient complètement indépendantes l'une de l'autre.

La mauvaise qualité des mortiers, la rareté et la défectueuse disposition des pierres constituant la maçonnerie des voûtes, nous créaient un grand embarras pour l'application de nouveaux enduits. Nous ne pouvions espérer que les vieux mortiers, pulvérulents, se désagrégeant au moindre contact, pussent retenir les nouvelles couches que ne pouvaient fixer davantage les rares moëllons, vibrant au moindre choc. Nous fûmes conduit à tenter une application de silicates alcalins solubles. Ce moyen nous réussit parfaitement, et quatre applications de silicate de potasse à 12° Beaumé nous rendirent les surfaces pulvérulentes suffisamment consistantes et leur donnèrent une grande dureté. Ce même silicate fut, après achèvement des nouveaux enduits appliqué sur toutes les nouvelles surfaces, comme sur les colonnes et chapiteaux.

Le dallage, nous l'avons dit au début, était à l'état de débris, il fut enlevé. Cette opération nous permit d'étudier le sous-sol. La position des ouvertures d'éclairage placées jusqu'au rez du sol, avec une pente qui plongeait même au-dessous du dallage (N, fig. 1, 2), nous avait fait supposer que ce dallage avait dû être exhaussé et que le sol primitif devait se retrouver plus bas.

Une recherche attentive nous permit de reconnaître le sol primitif, à 0^m20 environ au-dessous du dallage enlevé. Ce sol, formé de granite décomposé et passé à l'état de kaolin avait encore, à sa surface, les rognons et fragments de quartz et de pegmatite qui accompagnent, à Noirmoutier, les couches supérieures de cette argile. Il n'y avait donc pas à s'y tromper, ce sol n'avait pas été fouillé ; les bases des colonnes étaient donc bien à leur niveau primitif, les baies latérales également (1).

Les déblais de ce dallage donnèrent, passés à la claie,

(1) Cette altitude du sous-sol général de la crypte fait ressortir que l'excavation constatée sous l'autel avait du être intentionnelle et avait pu être pratiquée en vue d'une sépulture, comme celle placée sous le cénotaphe, quoique celle-ci soit beaucoup plus profonde. Mais il faut tenir compte que les maçonneries de l'autel étaient superposées à la première de ces excavations, ce qui aurait peut-être pu engager à la faire moins importante.

quelques fragments de bronze partiellement fondus et provenant évidemment de cloches détruites par un incendie. On trouva également quatre fragments de carrelage que nous reproduisons en grandeur naturelle en K, L ; ces fragments, à fond rouge incrusté de blanc, portaient des traces d'un émail jaune safrané très léger de ton. Nous avons cru reconnaître à ces dallages tous les caractères d'un produit du XIIe siècle.

Nous avons parlé dès le début d'un cénotaphe de construction rudimentaire placé dans l'axe de la crypte.

Nous donnons en I le plan et l'élévation de cette construction (la coupe longitudinale est en B, fig. 1), les ouvertures ménagées sur les côtés et au pied de cet édicule ont servi de tous temps aux pèlerins pour circuler sous le tombeau. Les fiévreux venaient spécialement y chercher la guérison. Ce cénotaphe surmonte sans doute l'endroit même où fut inhumé le corps de saint Filibert (1).

En coupe transversale, l'édicule est formé de deux piédroits rejoints au sommet par un berceau presque cylindrique.

Il nous a été difficile d'attribuer une date précise à ce cénotaphe, d'autant qu'à l'examen la croix pattée qui le recouvre nous paraissait antérieure aux autres parties

(1) Il est, au moins, superposé à une excavation que nous avons explorée et qui a une profondeur de près de deux mètres, celle-ci était comblée de sable, sans mélange d'aucune autre matière.

de la construction. Mais, M. l'abbé de la Croix qui a pu examiner cette croix sur place n'a pas hésité à la placer à la fin du XIe siècle. Cette date s'accorderait d'ailleurs avec le caractère des ogives ménagées dans les murs de l'édicule. Le cénotaphe remonterait donc du commencement du XIIe siècle à la fin du XIe.

Le dallage de la crypte fut refait en entier, à l'aide de dalles en pierre de Tonnerre, dont le ton gris devait contribuer à éclairer l'édifice trop sombre. Le sol sous le cénotaphe fut dallé en noir.

Disons en terminant cet exposé de nos recherches que l'ancien autel fut remplacé par une tablette reposant sur deux colonnettes. Le tympan, placé entre le gradin de cet autel et la voûte, fut garni d'une dalle en terre cuite sous émail jaune. Sur cette dalle fut inscrit le distique consacré par Alcuin à la mémoire de saint Filibert, et que nous avons pris pour épigraphe :

« *Hanc pater egregius aram Filibertus habebit*
» *Plurima construxit qui loca sancta Deo.* »

Cette inscription, disposée sur deux lignes concentriques à la voûte, fut écrite en caractères romains inspirés de ceux qui figurent au flabellum de Tournus.

Disons enfin qu'au cours de l'exploration des murailles nous mîmes à jour, dans la face du mur de droite, une dalle de marbre portant l'inscription suivante :

CY EST LE CŒUR
DE TRÈS HAULT
ET PUISSANT
SEIGNEUR
MESSIRE
FRANÇOIS DE
LA TRÈMOILLE
MARQUIS DE
NOIRMONTIER
QUI DÉCÉDA
LE 14ème JOUR
DE FEBVRIER
1608

Cette dalle fut maintenue sans dérangement aucun à la place qu'elle occupait.

Pour bien faire comprendre l'ensemble des mesures que nous avons prises, nous donnons, en M, le plan de la crypte après notre restauration. Il n'y a rien de changé aux dispositions premières, si ce n'est que les deux baies du fond sont masquées, l'une par l'autel, l'autre, dans la partie supérieure, par le tympan émaillé qui sert de fond au gradin et au tabernacle et porte en inscription le distique d'Alcuin, lequel nous a paru trouver convenablement place dans l'édifice qui a vu les origines de l'importante action de Filibert au VIIe siècle (616-684) (1).

---

(1) Juénin, *Histoire de l'Abbaye Royale et Collégiale de Saint-Filibert et de la ville de Tournus.* Dijon, Fay, MDCCXXXIII, in-8° de 339 pp. (p. 23-24).

II

On pourra trouver que nous nous sommes arrêté bien longuement sur chacune des circonstances de nos recherches, mais nous pensons que lorsqu'on interroge un édifice sur son passé, on a l'obligation de ne négliger aucun indice susceptible d'apporter le moindre contingent à la solution cherchée ; nous avons donc noté toutes ces circonstances afin de donner aux conclusions proposées toute la logique susceptible de les autoriser.

Nous continuerons donc notre analyse.

Si on examine attentivement le plan de la crypte on sera frappé de ce fait que, si les ouvertures absidales sont, comme il ne peut en être autrement, placées dans l'axe de la travée centrale, il n'en est pas ainsi des baies latérales ; les premières baies, à droite et à gauche, sont précisément adjacentes à la deuxième pile engagée dans chacun des murs latéraux. Les deux baies suivantes placées dans la courbe absidale, se voient rétrécies chacune par la quatrième pile engagée, qui les recouvre de 15 à 20 centimètres, détruisant toute harmonie.

Comment se fait-il que les baies latérales ne soient pas, comme dans la plupart des édifices du temps, placées dans l'axe d'une travée ?

Cette question nous poursuivait depuis que nous avions abordé l'étude de l'édifice ; aussi avons-nous saisi avec empressement la visite faite par M. l'abbé de la Croix à la crypte pour lui soumettre le fait.

Nous avons fait remarquer que la colonnette représentée en O montre clairement que sa partie inférieure a été engagée sur l'angle, au quart de sa base ; le fût et le chapiteau restant isolés. M. l'abbé de la Croix nous fit observer que les dimensions de cette colonnette pouvaient permettre de penser qu'elle avait figuré à un autel isolé. Cherchant, d'après cela, l'endroit de la crypte où aurait pu être situé cet autel, il pensa que, le point de convergence de la lumière provenant des baies latérales étant sensiblement vers le centre de l'avant-dernière travée, ce point aurait pu convenir à l'érection d'un autel. En ce cas, le fond de l'abside aurait été occupé par la *Cathedra* ou siège abbatial.

Nous avons cherché à représenter, en P, ce qu'aurait donné cette combinaison, que nous ne citons que pour ne négliger aucun des termes de la question. On voit que, dans ce cas, la forme particulière de l'un des angles de la base aurait trouvé son explication, engagée qu'est cette base dans une plate-forme reliant les quatre supports.

Cette solution nous ramène aux rites des premiers

siècles de l'Eglise, d'après lesquels le prêtre faisait face à l'assistance. Nous avons dit plus haut que quelques auteurs font remonter cet usage au IVe siècle et le limitent, en tous cas, au VIe. Nous sommes bien en deçà. Nous chercherons plus loin, en réunissant les éléments divers que nous avons exposés dans notre première partie, à dégager les inconnues qui multiplient les interrogations sur tant de points. D'ici là nous n'avons pas cru devoir passer sous silence l'opinion de M. l'abbé de la Croix, dont la vaste érudition a une si grande autorité en tout ce qui touche aux constructions de l'époque mérovingienne.

Une autre question, qui, celle-là, n'a pas encore été produite, bien qu'elle s'impose plus encore que la précédente : en examinant la planche N, on voit que l'évas de la baie inférieure se poursuit dans tout le périmètre de cette baie, se montrant dans le plein cintre comme sur les piédroits. La baie supérieure, au contraire, gardant intact le glacis de sa base et l'évas latéral, voit ses piédroits interrompus par la voûte terminale de la crypte. Plus encore : l'incohérence que nous avons signalée dans la pose des matériaux de la voûte, se continue dans la voussure de la baie que nous examinons. C'est la voûte de la crypte qui se poursuit en tronquant la baie dans sa partie supérieure.

Y a-t-il là une baie restée inachevée à dessein ou une ouverture préexistante tronquée par des travaux postérieurs à son établissement?

Nous devons présenter ici une observation faite au cours de nos recherches : les murs verticaux, une fois dégagés de leurs enduits, furent interrogés au marteau ; cette opération, bien connue des praticiens, permet de reconnaître, tant au son qu'à l'élasticité qui renvoie le choc, le degré de solidité qu'offrent les maçonneries. Au cours de cette opération toutes les parties situées en pleine masse donnèrent des impressions satisfaisantes. En revanche, les parties enveloppant les piles engagées indiquèrent des solutions de continuité indiscutables et donnèrent des sons caverneux permettant de déduire qu'on se trouvait en présence de liaisons défectueuses, de pierres mal soudées dans leurs alvéoles. Quelques-unes même de ces pierres étaient sans liaison aucune avec les murs, auxquels elles étaient simplement superposées. Ce fait ne se limitait sans doute pas aux piles, mais se répétait encore, en apparence, à la retombée des voûtes, laissant ainsi trop indépendants l'un de l'autre les deux systèmes de construction qui représentaient, l'un le périmètre de l'édifice, l'autre le recouvrement de l'espace circonscrit.

Nous sommes donc en présence de trois faits concourant à des questions d'un même ordre :

1° Les baies latérales ne sont pas dans l'axe des travées. Les piles qui reçoivent la retombée des voûtes latérales sont mal liées avec les murs et pénètrent en partie, de côté et d'autre, deux baies qu'elles encombrent ;

2° La baie supérieure dans l'axe est interrompue dans sa partie haute.

Dans les deux cas, nous sommes en présence de ce raisonnement : Ou les voûtes ont été exécutées en même temps que les murs, et alors il y a de graves fautes de construction, des fautes qu'aucun constructeur n'eût commises, même dans les temps troublés auxquels remontent les origines de l'édifice, ou bien les voûtes ont été construites après les murs, et tout s'expliquerait : et le défaut de symétrie des baies latérales dans les diverses travées, et l'altération de la haute baie de l'axe.

Mais nous avons fait remarquer en parlant de l'enlèvement du dallage combien les bases des colonnes nous ont paru placées sur des maçonneries restées intactes, sans remaniements apparents, soit d'emplacement, soit d'altitude, soit même de simple dépose. Les substructions de ces colonnes ont conservé intégralement leurs dispositions primitives. Le sol sur lequel elles reposent, de couleur blanc-gris, ne porte aucune des traces caractéristiques qu'y eussent laissé l'arrachement et la translation de matériaux. Aucune trace de décombres révélateurs qu'une semblable opération n'eût pu éviter d'y laisser.

Nous n'hésitons donc pas à penser que les colonnes, telles qu'elles sont placées aujourd'hui, constituent bien la distribution de la crypte primitive. Nous sommes encore affermi dans cette pensée par la situation qu'occupe, exactement entre quatre colonnes, l'excavation creusée au viie siècle pour l'inhumation du fondateur — emplacement vénéré de tous temps et marqué plus tard par l'érection du cénotaphe actuel. — Nous sommes certainement là en face des dispositions de l'édifice primitif, celui qui fut construit au viie siècle, du vivant de saint Filibert et qui abrita ses restes pendant un siècle et demi (684-836).

Il ne faut pas perdre de vue que nous sommes dans une localité éloignée de tout centre actif, que les règles en usage parmi les constructeurs de l'époque pouvaient n'y être ni pratiquées ni connues et que le zèle des initiateurs de cette construction dut suppléer aux connaissances techniques qui faisaient défaut.

Pour nous, voici ce qui dut arriver :

Les constructeurs, pressés d'édifier leur chapelle, fondèrent d'abord les murs extérieurs, sans se préoccuper des voûtes qui devaient achever l'édifice. Ils disposèrent leurs baies symétriquement. Les voûtes et leurs supports, soumis ensuite à la seule distribution possible, s'adaptèrent tant bien que mal à la conception première des baies. Ceci expliquerait, et la dissymétrie des baies par rapport aux colonnes et le défaut de liaison qui existe entre les piles engagées et les murs.

Quant aux murs enveloppants, en les étudiant de près, on verra qu'ils ont gardé, en quelques points, les traces de remaniements opérés vers le xie ou le xiie siècle. Mais ce ne sont que des modifications partielles, car les fondations générales n'ont pas été touchées.

La planche J, fig. 3, montre en plan et en coupe, une sépulture que, dans nos recherches à l'extérieur de la crypte, nous avons relevée au pied même du mur Sud (Pl. D, A, A). Cette sépulture, qui caractérise suffisamment la période mérovingienne primitive, est encore intacte au pied du mur. Le recouvrement, formé d'une dalle de grès un peu plus courte que l'alvéole, indiquait lui-même une très haute antiquité. La fouille pratiquée en vue de ces recherches n'atteignit cette profondeur qu'après avoir montré deux couches de sépultures superposées à celle que nous décrivons. Celles-là, sans caractère aucun, ne nous furent d'aucun secours pour asseoir notre jugement.

La situation exactement contiguë au mur de la tombe que nous décrivons, son état absolument intact, éloignent toute idée d'un remaniement des murs postérieur à cette inhumation. Nous devons donc considérer que, dans son ensemble et sauf sur des points spéciaux que nous décrirons, le mur formant le périmètre de la crypte est bien le mur primitif, de même que les colonnes et leur distribution appartiennent bien à la conception primitive de l'édifice.

Le caractère des constructions nous eût peut-être suffi pour affirmer la date de leur exécution, mais nous pensons que les preuves, fussent-elles accessoires, ne sont jamais superflues; nous avons donc été heureux de saisir celles qui se sont offertes à nous, pour les faire contribuer à la certitude que nous voulions pour nous-même et que nous désirons faire partager à ceux qu'intéressent les édifices de cette époque.

En exposant les opérations successives qui ont constitué notre exploration préalable de l'édifice, nous avons essayé de classer à différentes époques historiques les divers éléments que nous révélaient nos fouilles. L'époque mérovingienne est représentée par la crypte proprement dite, par la sépulture dont la dalle funéraire est représentée en D, fig. 1 et 2, par celle représentée en J, fig. 2, par la colonnette avec son chapiteau, et sa base, indiqués en O.

Une période à déterminer entre le XIe et le XIIe siècle est représentée par les joints en saillie des baies inférieures, par la croix pattée et le caractère des ogives du cénotaphe, par les fragments de rosaces trouvés dans le blocage de l'autel du XVIIe siècle et figurés en H, fig. 2, par les fragments de carrelage reproduits en K, L. Nous attribuerons également à cette époque, bien que nous n'ayions pas d'autre autorité que nos impressions, le gradin roman disparu en 1843 (F, fig. 2), puis l'interruption, avec arrachements apparents, de la voûte d'arête coupée brusquement en A (B, fig. 1) et bordée à l'intrados d'une arête en moëllons (G, fig. 1, B). Cette interruption a été nécessairement contemporaine de l'établissement du gradin dont les remblais qui ont remplacé la travée sont la conséquence directe : d'ailleurs, le fait que ces remblais renfermaient la colonnette et le chapiteau mérovingien (O) place ces remblais à une époque nécessairement postérieure à ces débris, et la date du gradin oblige à penser que les remblais qui le supportaient ont été faits pour le recevoir.

Tous ces indices suffiraient à constituer une série importante de remaniements de l'édifice, du XIe au XIIe siècle. Il y en a d'autres, encore apparents, qui peuvent être attribués à cette même période; les piédroits isolés du clocher paraissent appartenir à ce même temps, on peut en déduire que les piles qui plongent dans la crypte, à l'Est des premières, pour figurer à l'abside et aux transepts, ont été construites ou remaniées au même moment.

Une époque plus rapprochée nous a laissé les traces évidentes de nouveaux remaniements de l'édifice. Le XVIIe, ou peut-être le commencement du XVIIIe siècle, nous a donné le banc de pierre P (A, fig. 2), l'autel avec ses deux niches (C, fig. 3), le pilastre montré en G et en H, la voûte recouvrant l'escalier Nord montrée en B, fig. 2.

La période du XIe au XIIe siècle nous paraît être la plus importante au point de vue des modifications subies par la chapelle souterraine. C'est assurément vers cette époque que fut construite l'église conventuelle qui la domine. Cette construction (1), si on l'admet à cette

(1) L'église supérieure, considérablement et fréquemment modifiée depuis sa construction première, comportait une seule nef, avec ses transepts et une abside limitée au périmètre de la crypte. Chaque

époque, comme nous croyons qu'on doit le faire, pourra donner l'explication de faits que rien ne pourrait expliquer autrement.

Nous avons dit que la baie supérieure de l'abside a été tronquée dans sa partie haute, et mutilée par le passage de la voûte de l'édifice même.

Une restitution théorique de la baie tronquée reporte la partie supérieure de son archivolte de 1^{m} à 1^{m}20 au-dessus de la voûte qui la coupe aujourd'hui. Nous devons donc penser que l'intrados des voûtes était, au début, placé de 1^{m}25 à 1^{m}30 au moins au-dessus du niveau qu'il occupe actuellement.

En examinant le diamètre des colonnes actuelles, qui est de 32 à 33 centimètres en moyenne, on imagine facilement un allongement du fût qui, au lieu de 1^{m}15 qu'ont aujourd'hui les colonnes, compris base et

des transepts comprenait une absidiole en cul de four comme le montre l'arrachement qui subsiste encore à l'Est du transept de droite ; en F, fig. 2, nous montrons l'emplacement occupé à droite, par l'une de ces absidioles. En 1867 on pouvait voir encore la base du dôme contemporain de la fondation de l'église, qui surmontait les piles de la croisée des transepts ; ce dôme, partie caractéristique des églises conventuelles construites vers les XIe et XIIe siècles par les moines Bénédictins qui habitaient le Poitou, a été remplacé depuis par un clocher important que la base n'avait certainement jamais été destinée à recevoir.

En tous cas c'est dans les voûtes des transepts, dans les vestiges d'absidioles et dans les piles de la croisée qui ont gardé leurs dispositions primitives, qu'il faut rechercher la date des origines de l'église actuelle qui a été superposée à l'église primitive, ou chapelle souterraine.

chapiteau, porterait l'ensemble à $2^{m}35$, soit sept diamètres environ. Nous donnons, en P, une restitution théorique de la baie supérieure du fond de l'abside en supposant les colonnes rétablies à sept diamètres (1).

En ce qui concerne les modifications de hauteur, voici ce qui aura dû arriver :

(1) L'église souterraine de l'abbaye de Tournus, dans laquelle, à la fin de leur long exode, les moines de Saint-Filibert déposèrent les restes de leur fondateur, fut, selon toute apparence, reconstruite à la fin du xe siècle (Juénin, *Nouvelle histoire de l'abbaye de Tournus*, Dijon, Fay, MDCCXXXIII, in 4° de 339 pp; p. 77). Cette église souterraine, dont les matériaux paraissent provenir d'un édifice beaucoup plus ancien, a des colonnes dont la hauteur excède douze diamètres. Mais ce qu'il était facile d'obtenir avec les calcaires compactes des carrières voisines de Tournus, ne pouvait être réalisé avec le calcaire grossier de Noirmoutier. Nous pensons d'ailleurs que sept diamètres sont suffisants pour montrer ce que devait ou pouvait être la baie absidale interrompue de la crypte de Noirmoutier.

Nous devons faire remarquer que, à Tournus, le mode de construction des maçonneries des voûtes de la crypte, reconstruites à la fin du xe siècle, est identique à celui qu'on peut observer dans les maçonneries des voûtes de la crypte de Noirmoutier, que nous supposons avoir été refaites vers la fin du xie siècle. — Même absence de liaison entre la retombée des voûtes latérales et les murs. — Même négligence dans l'appareillage des voûtes dont les pierres sont jetées çà et là en plein mortier, sur les cintres de construction.

Nous ne parlons ici de la crypte, ou église souterraine de Tournus, qu'à cause de la notoriété qu'a donnée, après sa mort, à cette localité, le fondateur de l'abbaye bénédictine de Noirmoutier. — A cause, également, de la similitude qui existe entre les voûtes de cette église souterraine et celle de la chapelle que nous décrivons. — Similitude qui nous paraît offrir un argument de plus pour faire croire à la réfection de ces dernières au moment où nous la plaçons.

Le sol du sanctuaire est, actuellement, à 1^{m}40 environ au-dessus du sol de l'église. Dans l'hypothèse que nous venons de présenter, il se trouvait, nécessairement, à 2^{m}60. Cette différence de hauteur gêna sans doute les constructeurs de l'église qui durent la réduire au minimum en enlevant un tambour aux colonnes et ramenant les voûtes à la hauteur où nous les voyons aujourd'hui.

Nous sommes d'autant plus porté à admettre une pareille opération, qu'à l'époque où se place la fondation de la crypte, les traditions de l'antiquité romaine n'étaient pas éteintes, et, quoique rien ne puisse infirmer l'existence, au VIIe siècle, de colonnes conçues dans les proportions de celles que nous avons sous les yeux, on ne peut s'empêcher de penser que des proportions plus élancées auraient été plus en rapport avec les traditions que les troubles des premiers siècles n'avaient encore pu effacer complètement.

Nous savons quel parti les architectes du XIe et du XIIe siècles ont su tirer, sur d'autres points, de plus grandes différences de niveau entre les cryptes et les églises qu'ils leur superposaient. Mais nous devons répéter que nous sommes dans une localité où les ressources d'art et d'industrie devaient être fort limitées, et que force dut être aux initiateurs de la nouvelle œuvre de se renfermer dans des limites étroites. D'ailleurs, la façon élémentaire dont on a traité les constructions nouvelles indique suffisamment que ceux qui les avaient conçues ne disposaient que de moyens d'action limités, comme de matériaux sans valeur. Enfin, si l'aspect d'ensemble de l'église supérieure rappelle, dans ses traits généraux, les conceptions religieuses du même temps, aucune des parties de l'œuvre ne montre traces des détails artistiques qui ont été prodigués sur tant de points à la même époque.

On peut d'ailleurs imaginer que les voûtes primitives de la chapelle souterraine avaient à ce moment été détruites par quelque catastrophe récente et que les restaurateurs de ces voûtes n'eurent qu'à subordonner leur reconstruction aux exigences nouvelles, sans avoir à opérer une démolition préalable qui leur eût sans doute été pénible, à en juger par le soin avec lequel on construisit, au même moment, le cénotaphe encore existant et par l'attention que l'on prit de superposer exactement le maître-autel à ce cénotaphe. D'ailleurs, pour la construction de cette église on eut à remanier, dans la crypte, la base des piles de la croisée qui y pénètrent. Ces travaux obligés entraînèrent sans doute ceux dont nous parlons.

Quoi qu'il en soit, là seulement est, pour nous, l'explication de la suppression de la partie haute de la baie altérée. Nous la livrons à la discussion, heureux si nous appelons des solutions meilleures de la part de critiques plus éclairés que nous.

L'ère de développements inaugurée par ces importants travaux dura assez longtemps sans doute, puisque les traces d'opérations plus récentes nous ramènent jusqu'au xviie siècle.

A ce moment on refit l'entrée Nord et on construisit la voûte qui recouvrait cette entrée (B, fig. 2, R, O) on refit l'autel (C, fig. 3, F, fig. 1) et on rétablit sur les ruines de l'escalier Sud le pilastre détaillé en H et la pile A (G, fig. 2) supportant la colonne de gauche du rétable de droite. Piet, dans ses « *Recherches sur l'Ile de Noirmoutier* » ne donne pas la date de construction de ce rétable, mais on peut l'attribuer au dernier quart du xviie siècle. Peut-être suivit-il les ruines apportées dans l'Ile par les Hollandais, en 1674. — En tous cas, c'est vers ce moment qu'il fut construit et que fut placée, nous ne devinons pas dans quel but, le pilastre représenté en C, Pl. G, et en H, fig. 1. C'est sans doute vers ce même temps que l'abside de l'église, qui reproduisait dans ses contours la crypte qui lui sert de base, fut allongée de 4m50 à l'Est (E). C'est encore à cette époque qu'il faut reporter la restauration de la base du dôme surmontant alors la croisée des transepts. En 1863 cette base était encore couronnée d'une corniche à denticules fort analogue à celle qui figure aujourd'hui aux bâtiments du Prieuré, et qui semble dater de la même époque.

En résumé. — La chapelle de Saint-Filibert a été fondée, au viie siècle, avec les dispositions qu'elle montre actuellement quant à ses murs enveloppants, à la disposition des colonnes et aux jours bas ménagés dans les côtés comme au fond. Mais la hauteur des voûtes était très certainement supérieure à la hauteur actuelle, de 1m20 au moins. On accédait à la crypte par les deux escaliers symétriques actuels, lesquels débouchaient sous une cinquième travée, depuis détruite et que nous avons restituée.

Vers la fin du XIe ou le commencement du XIIe siècle, on construit l'église, on fonde, dans la crypte, les piles de la croisée qui y pénètrent, on reconstruit le système des voûtes en les abaissant de 1m20 au moins, on interrompt une travée et l'on comble en avant pour recevoir le gradin situé devant le maître-autel de l'église. On refait les joints des baies intérieures, on comble l'escalier Sud, on construit le cénotaphe. Quant au carrelage, nous hésitons à croire que les fragments de carreaux émaillés dont nous avons parlé aient jamais figuré dans la chapelle souterraine, tant grand eût été le contraste entre la grossièreté de l'édifice et la richesse d'un semblable dallage.

Le XVIIe siècle reconstruit hâtivement et brutalement l'autel et mure les baies latérales (1), il refait la voûte de

(1) En enlevant les masques qui dissimulaient ces baies, nous avons trouvé, dans la première baie de gauche, des débris de vases en terre de grandes dimensions qui nous ont semblé avoir les plus grands rapports avec les vases fabriqués du XVIe ou XVIIe siècle, en vue de contenir, soit de l'eau, soit des salaisons de viandes.

Ces fragments, soigneusement réservés, ont disparu depuis, comme la plupart des objets provenant des fouilles.

l'escalier Nord et construit celle du couloir qui, par là, accède à la crypte. Il construit le pilastre intérieur inséré dans un angle rentrant du piédroit Sud du clocher, puis, pour la construction du rétable de droite, on fonde, sur les débris de l'escalier Sud, disparu sans doute depuis longtemps déjà, la pile d'extrémité de ce rétable (1).

Enfin, en 1843, en se donnant pour objectif l'église seulement, on supprime le gradin roman de celle-ci, on « *creuse* » dans les remblais du XIe siècle une « *avant-crypte,* » et on établit, dans la paroi de la terrasse italienne actuelle, une baie permettant de voir, de l'église, l'intérieur de la crypte.

(1) Si on veut bien jeter les yeux sur les différents plans que nous donnons, et notamment Pl. E, on remarquera que les piles *a*, *a*, représentant les piles figurant aux deux rétables des transepts, sont placées dans des conditions différentes ; en effet : à droite, ces piles sont adossées à la plus grande saillie des piliers de la croisée des transepts et font ainsi saillie sur l'espace réservé à l'escalier du Sud, lequel touchait immédiatement cette base.

Au Nord, au contraire, le seul escalier alors connu et pratiqué ne pouvant être supprimé, les constructeurs du rétable durent placer leurs piles en retraite de la base du clocher, laissant ainsi à la circulation préétablie, toute la liberté nécessaire.

Cette circonstance suffirait à démontrer que dès avant le XVIIe siècle, et par conséquent dans toute la période de calme qui s'est écoulée depuis la fondation de l'église supérieure, jusqu'à cette époque, l'escalier Nord était seul pratiqué.

C'est pour restituer à l'escalier Sud, retrouvé dans les fouilles, sa primitive fonction, que nous dûmes enlever la pile *d*, et placer sur une console de granit, l'ordre qui surmontait cette pile.

Notre restauration avait respecté cette baie, mais vers 1878 une personne pieuse ayant fait exécuter une statue de saint Filibert, on plaça cette statue de façon à masquer l'ouverture ; celle-ci fut alors résolument bouchée. Nous regrettons, à tous les points de vue, l'invasion de cette statue plus que médiocre et les conséquences qui ont résulté de son introduction dans la crypte.

Dans la note placée en tête de ce travail, nous avons indiqué notre ferme intention de nous borner à un simple exposé des faits. Nous croyons être resté dans notre programme. L'analyse que nous avons donnée de toutes nos opérations permettra de reconnaître que, sauf des détails sans valeur, comme l'enlèvement du banc P et celui de l'autel grossier dont nous avons pourtant noté les dispositions, nous avons scrupuleusement conservé tous les éléments du passé.

Nous avons restitué un escalier dont nous avons retrouvé les traces certaines, nous avons refait une travée ruinée qui a rendu aux chapiteaux leur fonction originelle et aux vestiges de dallages retrouvés sur ce point leur primitive destination.

Là s'est bornée notre intervention, car le rétablissement des dallages de la crypte et la consolidation ou la réfection des enduits des voûtes s'imposaient d'eux-mêmes.

Notre relation n'a donc pas d'autre but que d'être une simple et modeste contribution à la connaissance des édifices locaux — un hommage filial au pays natal. Heureux si nous avons justifié le ferme respect que nous inspirent les édifices d'autrefois, et particulièrement celui qui nous a dicté l'étude analytique que nous en donnons.

APPENDICE

Avant de clore ce travail, nous devons parler d'une opération qui s'effectue en ce moment et qui doit rattacher la chapelle de Saint-Filibert aux monuments d'un autre âge observés dans la localité, soit à terre, soit en mer.

En 1892, nous avons, dans un volume intitulé « *L'Ile de Noirmoutier, Péril et Défense* » (1) indiqué l'affaissement continu du sol de l'Ile et nous avons pris pour témoins de cet affaissement plusieurs dolmens situés à terre, et un autre situé en mer, sur le rocher « *La Vandette*, » et connu sous le nom de « *La Table*. »

Après examen des développements de notre travail, Monsieur le Ministre de l'Instruction publique, des Beaux-Arts et des Cultes a soumis ce dolmen à l'étude de la Commission des Monuments Mégalithiques, qui a conclu à son classement au nombre des Monuments historiques.

En prononçant ce classement, Monsieur le Ministre décida que le dolmen « *La Table* » serait protégé par une balise et accompagné d'une inscription en lettres de bronze destinée à fixer l'altitude de ce monument

(1) Niort, Clouzot, 1892, in-8° de 181 pp. et 9 cartes en couleurs.

au-dessus des basses mers, à une date prise en 1896. Nous fûmes chargé de faire exécuter cette inscription. De plus, Monsieur le Ministre ordonna qu'un nivellement se rattachant à la cote des basses mers, serait fait depuis le dolmen écroulé de l'Herbaudière jusqu'au dolmen « *La Table* » en passant par la crypte de Saint-Filibert.

Le nivellement dont il s'agit est confié à l'Administration des Ponts et Chaussées, ce qui en garantit l'exactitude. — Mais cette opération ne peut avoir tout son effet utile que si les cotes relevées peuvent en tout temps être consultées. Pour réaliser cette condition, nous nous proposons de solliciter de Monsieur le Ministre des Beaux-Arts, l'apposition, dans la chapelle de Saint-Filibert, liée à cette opération, d'une plaque de marbre relatant, par une inscription détaillée, toutes les circonstances de ce nivellement ; on aura ainsi un repère toujours apparent et que rien ne pourra faire varier, auquel on pourra facilement rapporter les modifications ou la continuité de la subsidence qui abîme le sol de l'Ile depuis les temps les plus reculés, mouvement dont rien ne peut faire prévoir l'arrêt.

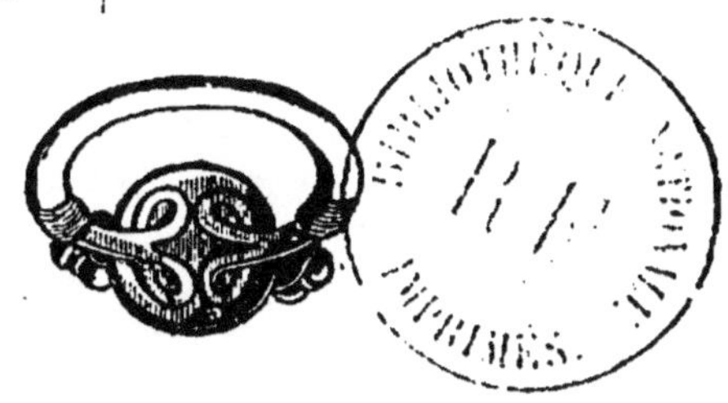

Fontenay-le-Comte. — Imprimerie Auguste Baud.

A. Chasier del.

CHAPELLE DE St FILIBERT

A NOIRMOUTIER

LA CHAPELLE DE S.T FILIBERT

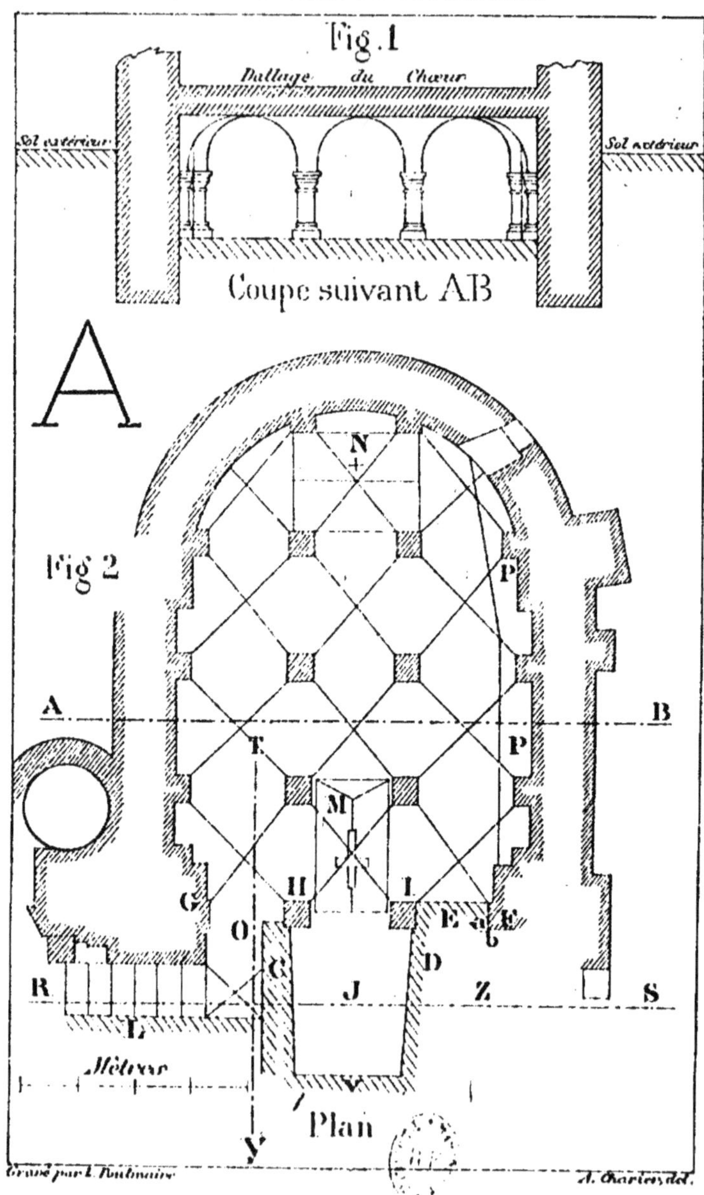

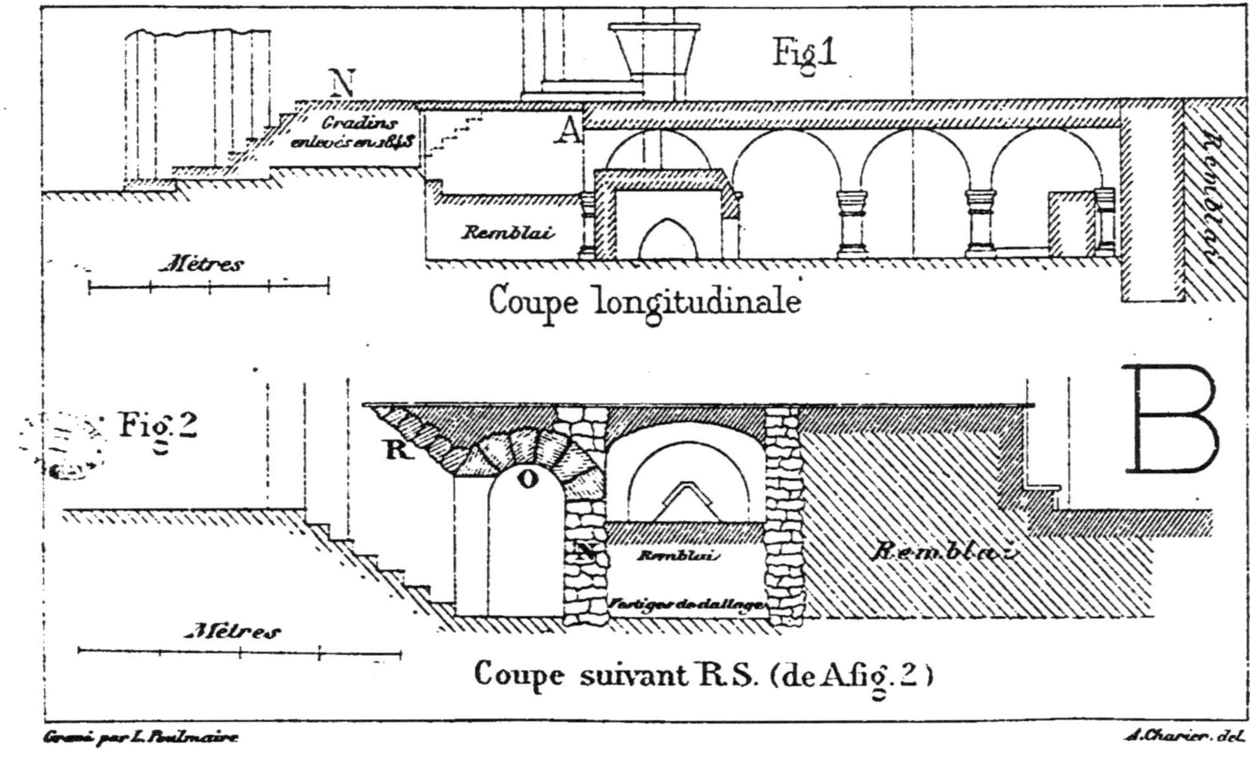

LA CHAPELLE DE ST FILIBERT

LA CHAPELLE DE St FILIBERT

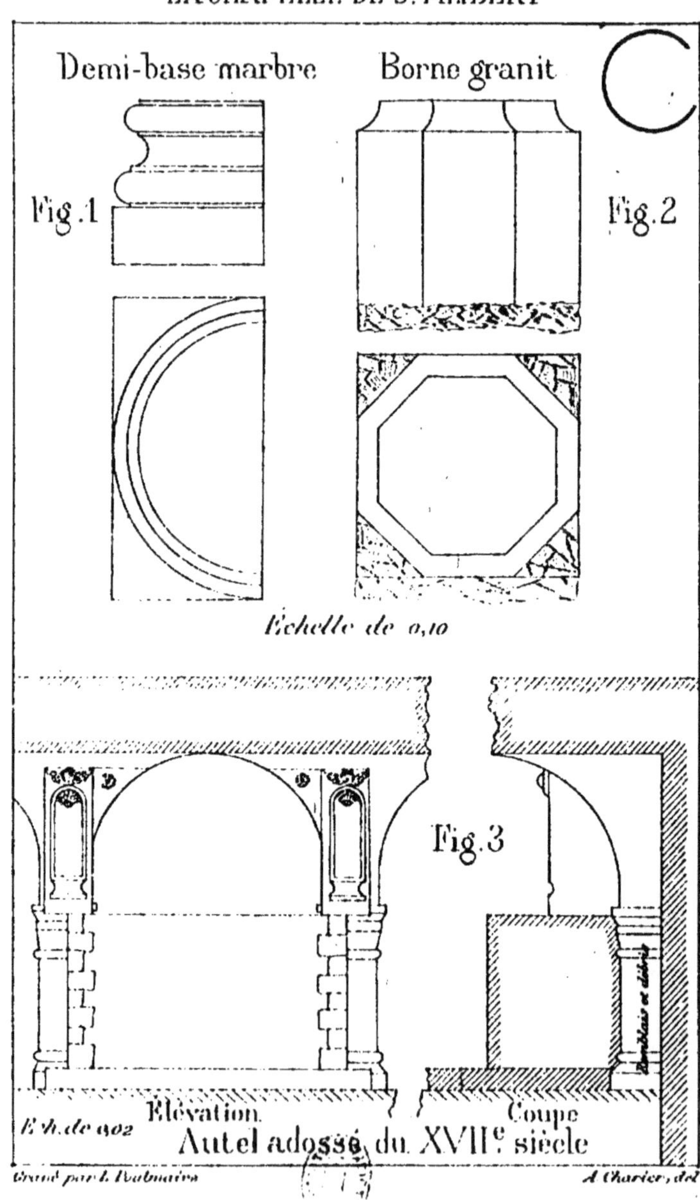

LA CHAPELLE DE St FILIBERT

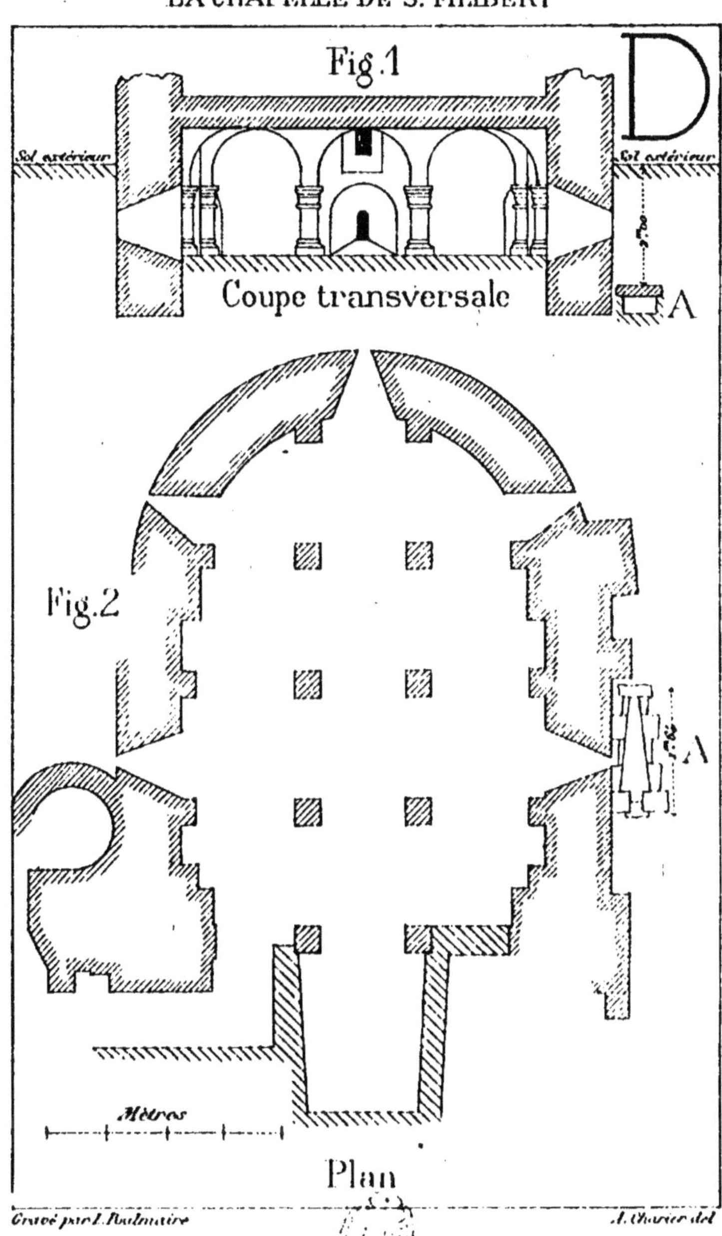

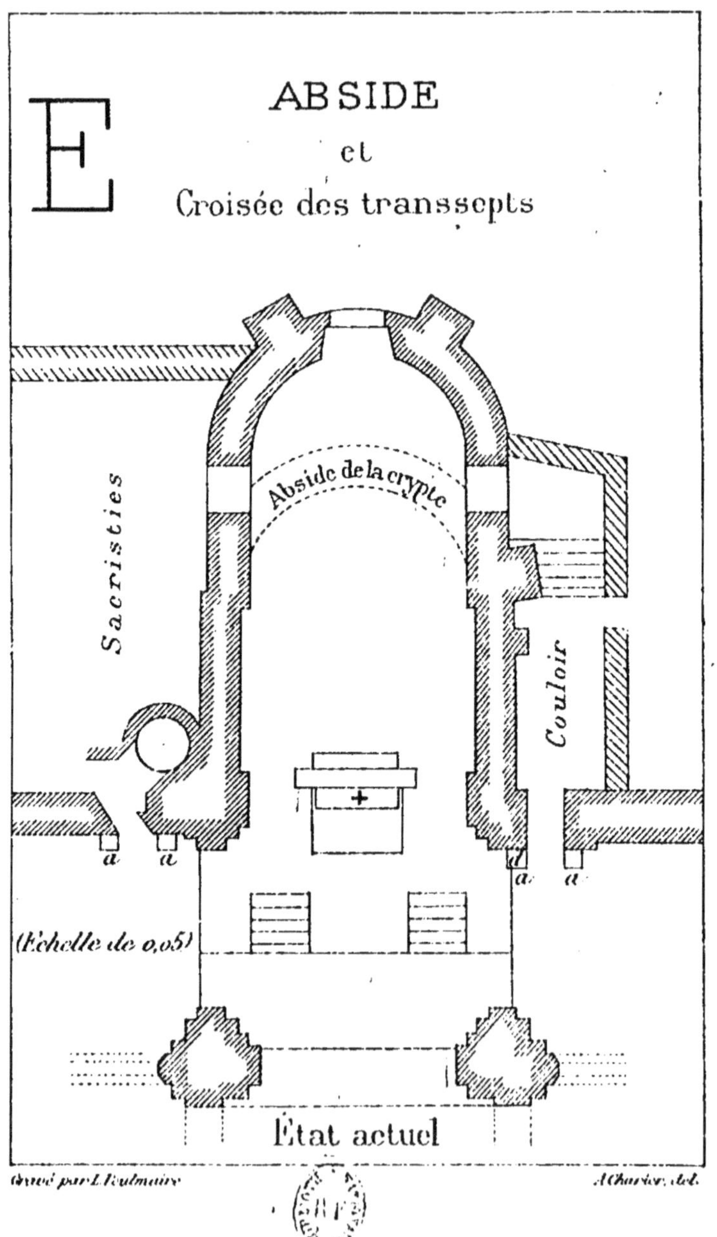
E
ABSIDE
et
Croisée des transsepts
Sacristies
Abside de la crypte
Couloir
a
a
a
a
(Échelle de 0,05)
État actuel

LA CHAPELLE DE S^T FILIBERT

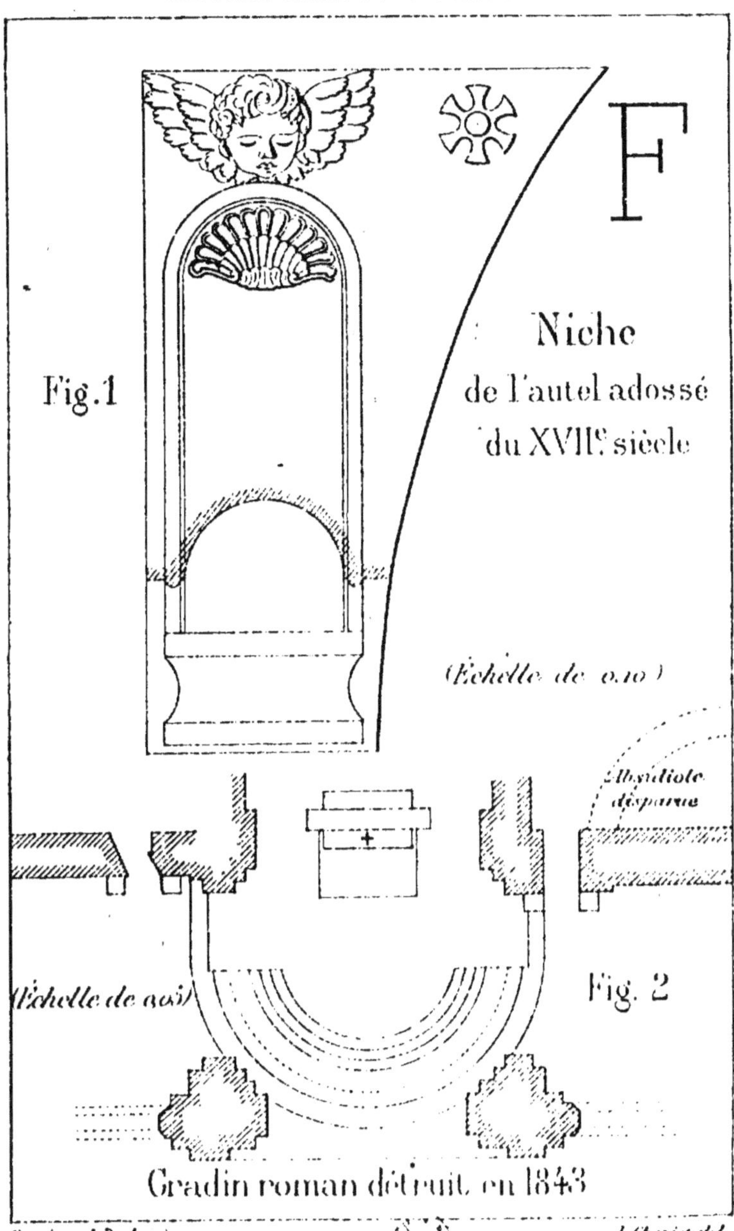

Gravé par L. Poulmaire

A. Charier del.

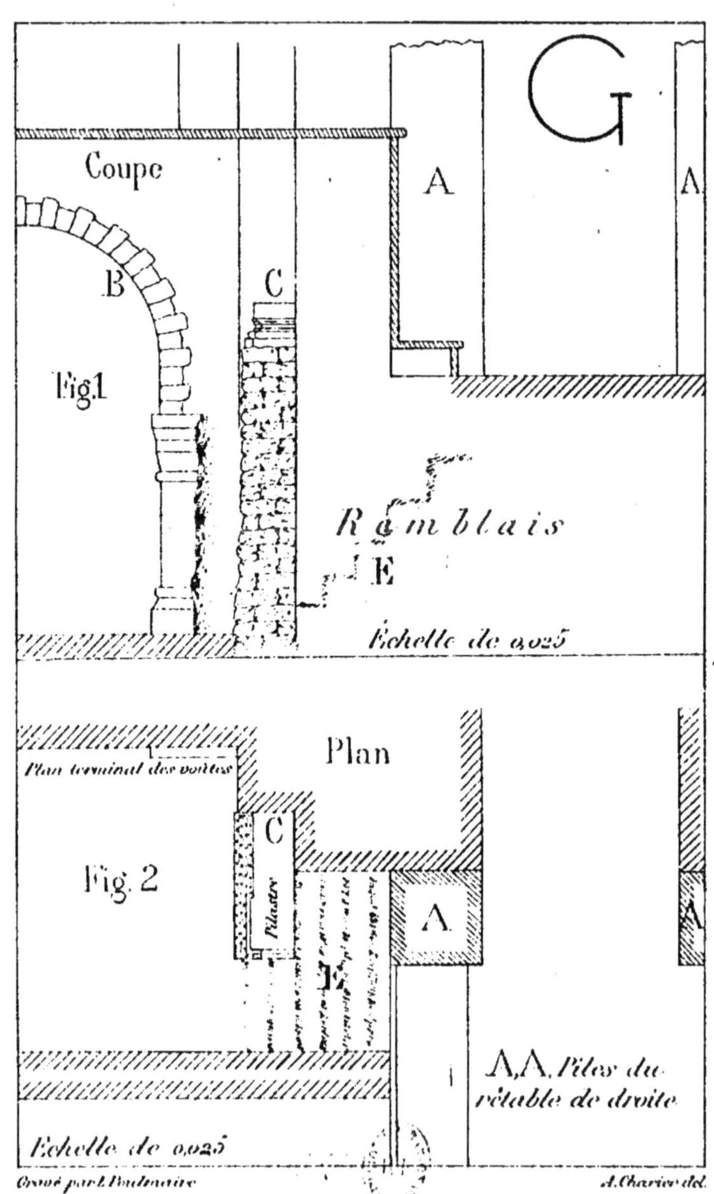
G
Coupe
A
A
B
C
Fig.1
Remblais
E
Échelle de 0,025
Plan
Plan terminal des voûtes
C
Fig. 2
Pilastre
A
A
E
A,A. Piles du rétable de droite
Échelle de 0,025
Gravé par L. Poulmaire
A. Charier del.

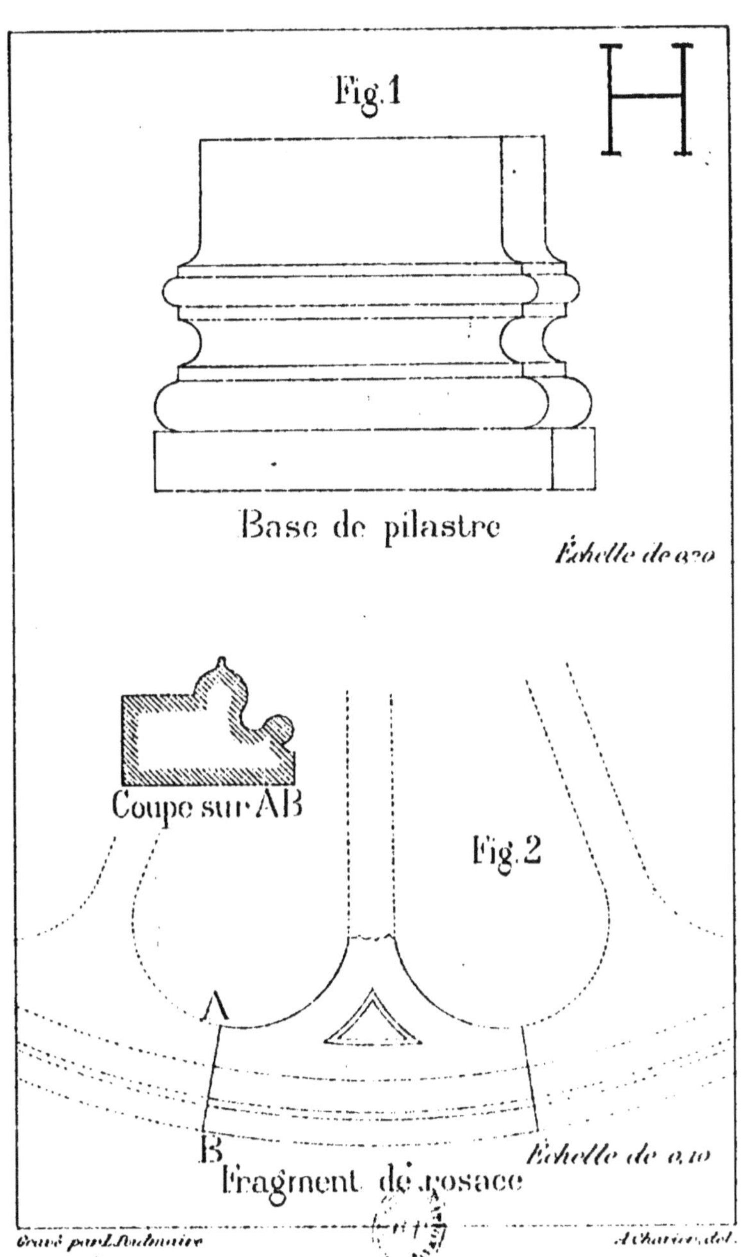
H
Fig. 1
Base de pilastre
Échelle de 0,20
Coupe sur AB
Fig. 2
A
B
Fragment de rosace
Échelle de 0,10

LA CHAPELLE DE S.T FILIBERT

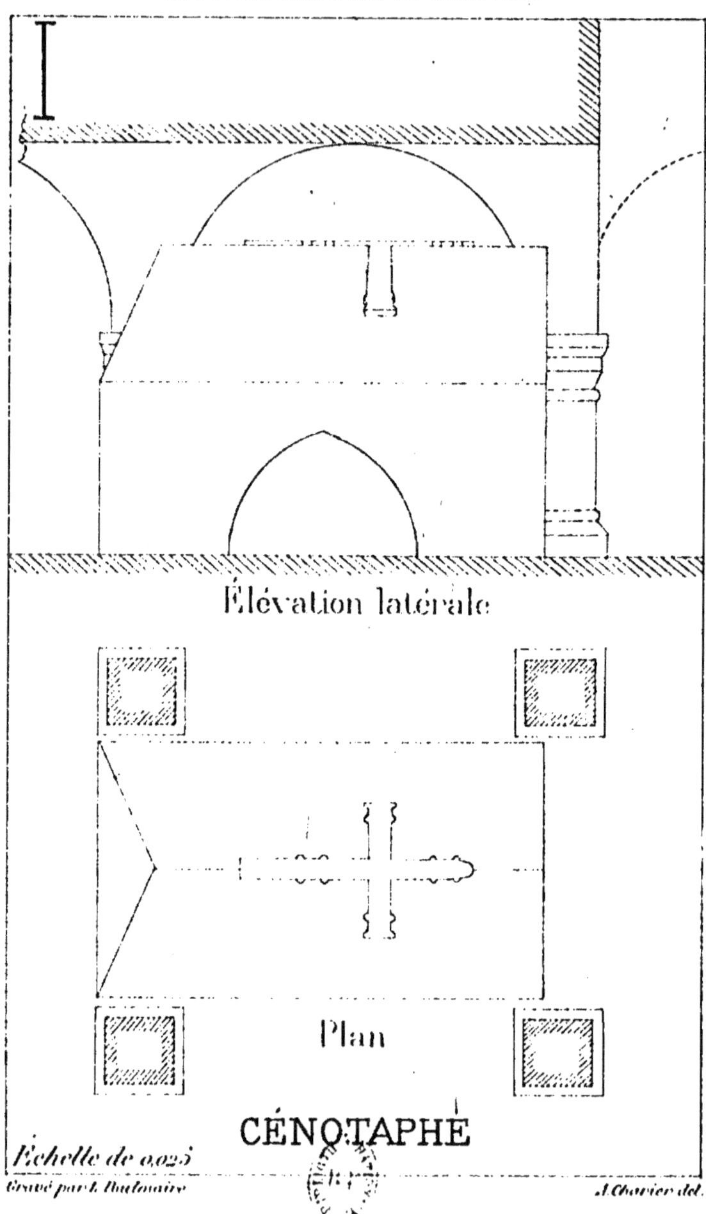

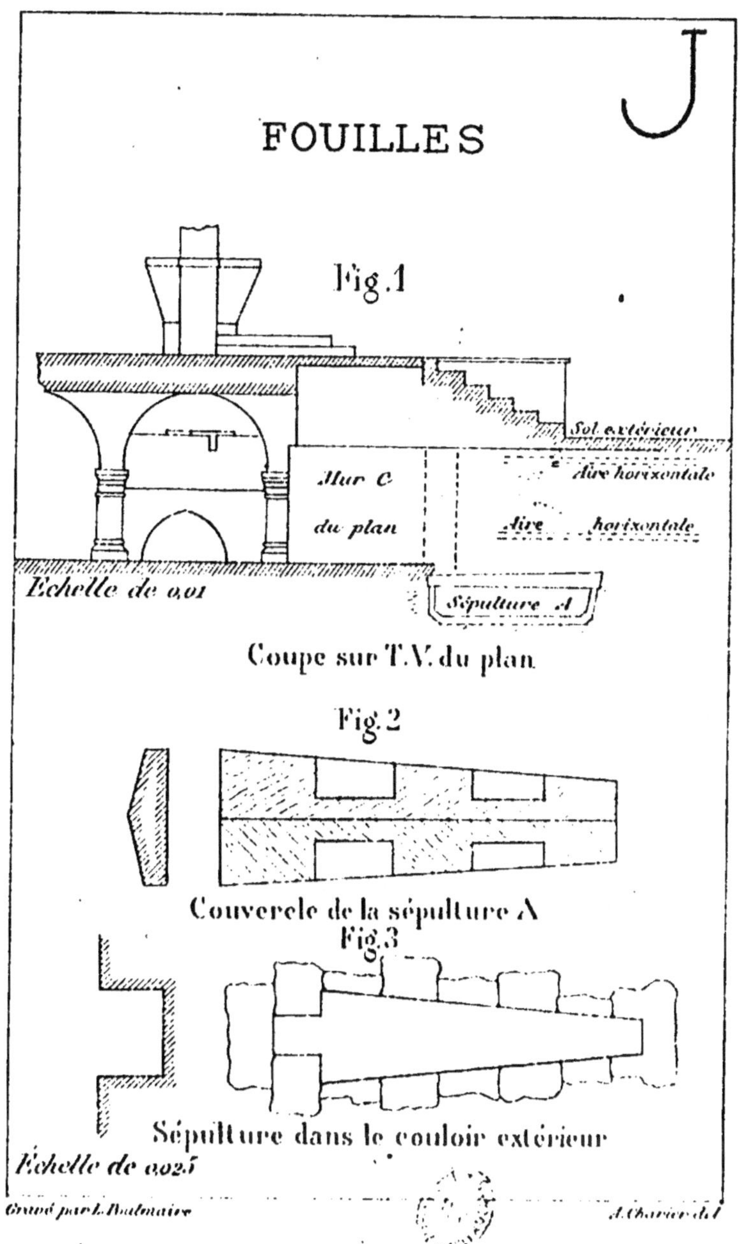
J
FOUILLES
Fig.1
Sol extérieur
Mur C
du plan
Aire horizontale
Aire horizontale
Echelle de 0,01
Sépulture A
Coupe sur T.V. du plan
Fig.2
Couvercle de la sépulture A
Fig.3
Sépulture dans le couloir extérieur
Echelle de 0,025
Gravé par L. Bulmaire
J. Charier del

LA CHAPELLE DE S.t FILIBERT

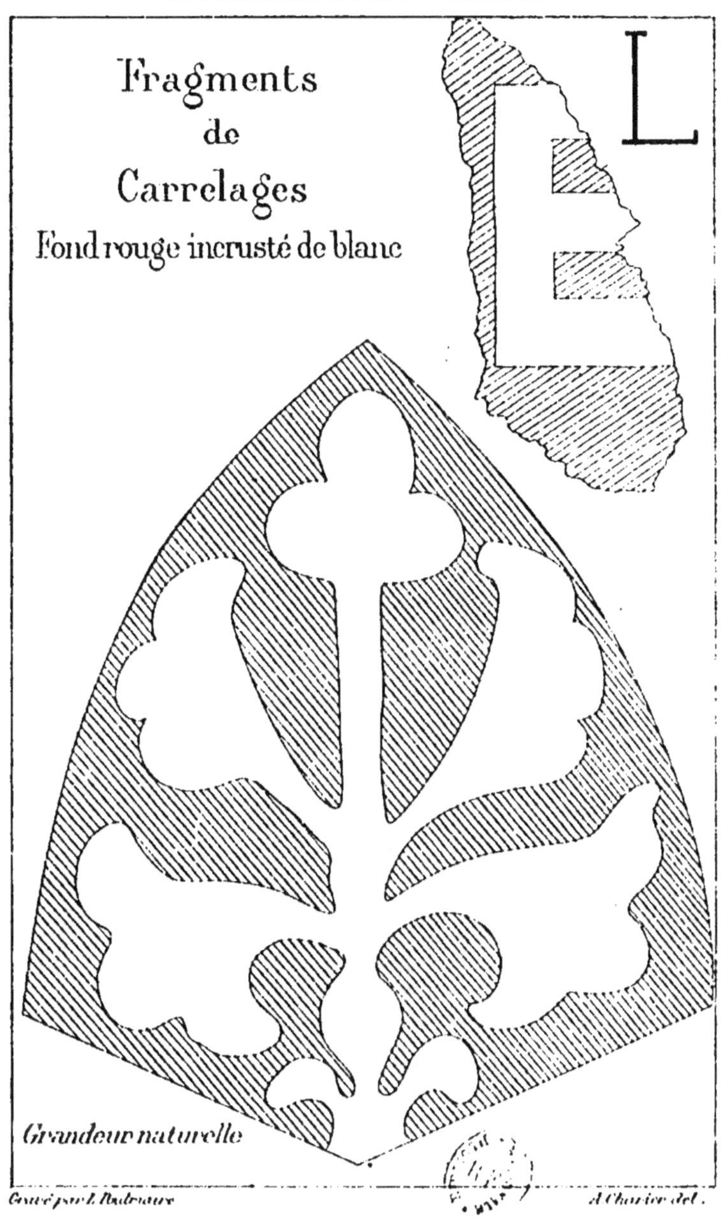
Fragments
de
Carrelages
Fond rouge incrusté de blanc
L
Grandeur naturelle

LA CHAPELLE DE St FILIBERT

Gravé par L. Poulmaire

A. Charier, del

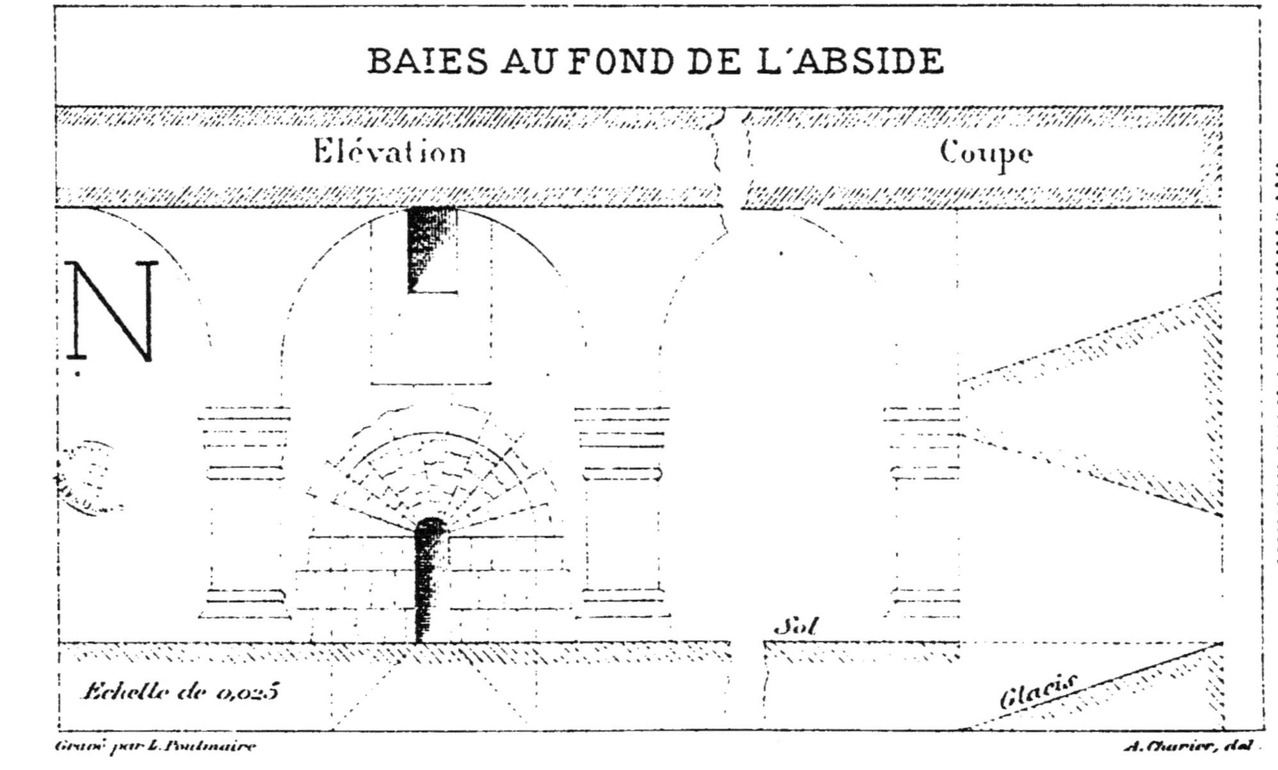

Gravé par L. Poulmaire
A. Charier, del.

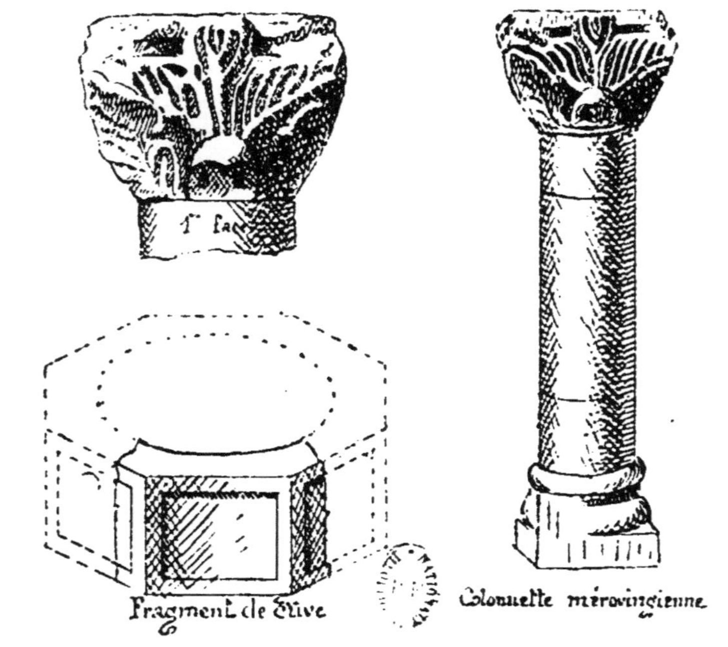

Fragment de cuve

Colonnette mérovingienne

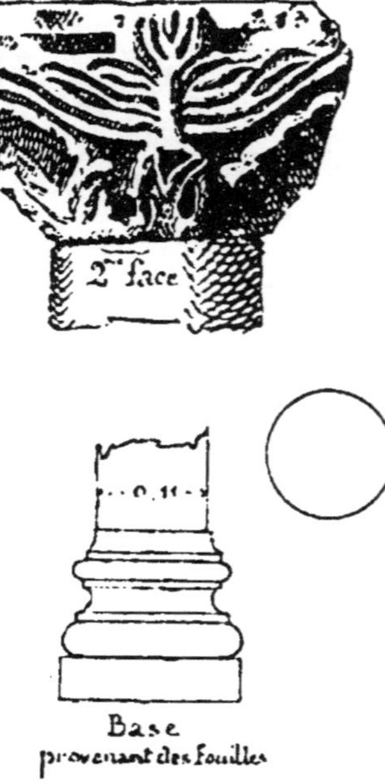

Base
provenant des fouilles

P

RESTITUTION THÉORIQUE
DE LA HAUTE BAIE ABSIDALE ET DE LA HAUTEUR PRIMITIVE DES COLONNES

HYPOTHÈSE D'UN AUTEL ISOLÉ

www.ingramcontent.com/pod-product-compliance
Lightning Source LLC
LaVergne TN
LVHW020409230826
846091LV00004B/1209

* 9 7 8 2 0 1 3 2 6 4 6 2 4 *